Histoires Courtes en Slovaquie

Apprendre l'Slovaquie facilement en lisant des histoires courtes

Nina Nagy

Contenu

Introduction

Lire dans une langue étrangère est l'un des moyens les plus efficaces d'améliorer ses compétences linguistiques et d'enrichir son vocabulaire. Cependant, il est parfois difficile de trouver des supports de lecture attrayants, d'un niveau approprié, qui procurent un sentiment de réussite et de progrès. La plupart des livres et articles écrits pour des locuteurs natifs peuvent être trop longs et difficiles à comprendre ou contenir un vocabulaire de très haut niveau, de sorte que vous vous sentez dépassé et abandonnez. Si ces problèmes vous sont familiers, alors ce livre est pour vous !

Histoires Courtes en Slovaquie est une collection de 25 histoires courtes non conventionnelles et divertissantes qui sont conçues pour aider les apprenants de niveau débutant à intermédiaire Slovaquie à améliorer leurs compétences linguistiques.

Ces histoires courtes créent un environnement propice à la lecture en incluant ;

- Un contenu linguistique riche dans différents genres pour vous divertir et vous exposer à une variété de formes de mots.
- Des histoires plus courtes en chapitres pour vous donner la satisfaction de terminer des histoires et de progresser rapidement.
- Des textes écrits à votre niveau afin qu'ils soient plus facilement compréhensibles et ne vous dépassent pas.
- Traduction française sur des pages alternées afin que vous puissiez vous y référer directement ligne par ligne tout en lisant l'histoire Slovaquie.
- Le vocabulaire clé est imprimé en gras tout au long

de l'histoire et de la traduction pour vous aider à comprendre plus facilement les mots qui ne vous sont pas familiers.

- Des questions de compréhension pour tester votre compréhension des événements clés et vous encourager à lire plus en détail.

Que vous souhaitiez enrichir votre vocabulaire, améliorer votre compréhension ou simplement lire pour le plaisir, ce livre est le plus grand pas en avant que vous ferez dans vos études cette année. Histoires Courtes en Slovaquie vous apportera tout le soutien dont vous avez besoin, alors asseyez-vous, détendez-vous et laissez libre cours à votre imagination en vous laissant transporter dans un monde magique d'aventures, de mystères et d'intrigues - en Slovaquie!

Comment utiliser ce livre

La lecture est un talent difficile à maîtriser. Nous utilisons toute une série de micro-compétences pour nous aider à lire dans notre langue maternelle. Par exemple, nous pouvons parcourir un passage pour en comprendre le sens, ou l'essentiel. Nous pouvons aussi passer au peigne fin les nombreuses pages d'un horaire de train à la recherche d'une heure ou d'un lieu précis. Si ces micro-compétences sont une seconde nature lorsque nous lisons dans notre langue maternelle, les recherches révèlent que nous en oublions souvent la plupart lorsque nous lisons dans une langue étrangère. Lorsque nous apprenons une langue étrangère, nous commençons généralement par le début d'un texte et le parcourons en essayant de comprendre chaque mot. Inévitablement, nous rencontrons des termes peu familiers ou complexes et nous sommes gênés par notre incapacité à les comprendre.

L'un des principaux avantages de la lecture dans une langue étrangère est que vous êtes exposé à un grand nombre de phrases et d'expressions utilisées dans des situations quotidiennes. La lecture extensive est un terme utilisé pour décrire la lecture pour le plaisir dans le but d'apprendre une langue. En d'autres termes, la lecture approfondie de manuels scolaires aide généralement à l'apprentissage des règles de grammaire et d'un vocabulaire particulier, mais la lecture extensive d'histoires aide à l'apprentissage du langage naturel.

Histoires Courtes en Slovaquie vous donnera l'occasion d'en apprendre davantage sur la langue naturelle Slovaquie en usage, même si vous avez peut-être commencé votre voyage d'apprentissage des langues uniquement avec des manuels. Voici quelques conseils à garder à l'esprit lorsque vous lirez les histoires de ce livre pour en tirer le meilleur parti : Lorsqu'il s'agit de lire, le plaisir et le sentiment d'accomplissement sont essentiels. Vous en redemandez parce que vous aimez ce que vous lisez. Lire chaque histoire du début à la fin est la meilleure méthode pour prendre plaisir à lire des histoires et se sentir accompli. Par conséquent, la chose la plus cruciale est d'arriver à la fin d'une histoire. C'est en fait plus important que de connaître chaque mot.

Plus vous lisez, plus vous acquerrez de connaissances. Vous aurez rapidement une connaissance du fonctionnement de la Slovaquie si vous lisez de gros livres pour le plaisir. Cependant, gardez à l'esprit que pour tirer tous les bénéfices d'une lecture extensive, vous devez d'abord lire un volume suffisamment important. Lire quelques pages ici et là peut vous apprendre quelques nouveaux mots, mais cela ne fera pas une différence significative dans votre niveau global de Slovaquie.

Acceptez le fait que vous ne comprendrez pas tout ce que vous lisez dans un roman. C'est, sans aucun doute, le point le plus crucial ! N'oubliez jamais que le fait de ne pas comprendre tous les mots ou toutes les phrases est tout à fait acceptable. Cela ne signifie pas que vos compétences linguistiques sont insuffisantes ou que vos résultats sont médiocres. Cela indique que vous participez activement au processus d'apprentissage.

Guide de lecture

Afin de tirer le meilleur parti de la lecture d'Histoires Courtes en Slovaquie, il est préférable que vous suiviez ce processus de lecture simple en six étapes pour chaque chapitre des histoires :

1. Lisez le titre du chapitre. Réfléchissez à ce que pourrait être le sujet de l'histoire. Puis lisez l'histoire jusqu'au bout. Votre objectif est simplement d'atteindre la fin de l'histoire. Par conséquent, ne vous arrêtez pas pour chercher des mots et ne vous inquiétez pas s'il y a des choses que vous ne comprenez pas. Essayez simplement de suivre l'intrigue.

2. Lorsque vous arrivez à la fin de l'histoire, parcourez la traduction française pour voir si vous avez compris ce qui s'est passé et reprenez tout contexte qui vous aurait échappé.

3. Revenez en arrière et relisez la même histoire. Si vous le souhaitez, vous pouvez vous concentrer davantage sur les détails de l'histoire qu'auparavant, mais sinon, lisez-la simplement une fois de plus.

4. Ensuite, répondez aux questions de compréhension en Slovaquie pour vérifier votre compréhension des événements clés de l'histoire. Si vous ne comprenez pas entièrement les questions, ne vous inquiétez pas. Utilisez vos connaissances pour répondre du mieux que vous pouvez.

5. A ce stade, vous devriez avoir une certaine compréhension des principaux événements du chapitre. Si ce n'est pas le cas, vous pouvez relire le chapitre

plusieurs fois en utilisant la traduction pour vérifier les mots et les phrases inconnus jusqu'à ce que vous vous sentiez en confiance.

Une fois que vous êtes prêt et sûr d'avoir compris ce qui s'est passé - que ce soit après une ou plusieurs lectures de l'histoire - passez à l'histoire suivante et continuez à apprécier l'histoire à votre propre rythme, comme vous le feriez pour n'importe quel autre livre.

Ce n'est qu'une fois que vous avez terminé une histoire dans son intégralité que vous pouvez envisager de revenir en arrière et d'étudier le langage de l'histoire plus en profondeur si vous le souhaitez. Au lieu de vous inquiéter de tout comprendre, prenez le temps de vous concentrer sur ce que vous avez compris et de vous féliciter pour tout ce que vous avez fait.

Histoires Courtes
en Slovaquie

Nina Nagy

Bratislava

Bratislava je nádherné mesto. Nachádza sa v **srdci** Európy a má bohatú históriu. Ľudia, ktorí tu žijú, sú priateľskí a pohostinní. V tomto meste je veľa vecí, ktoré sa dajú vidieť a robiť. Môžete navštíviť **hrad, prejsť sa** loďou alebo preskúmať staré mesto. V Bratislave si každý nájde niečo pre seba. Do Bratislavy som prišiel v slnečný májový deň. Bol som nadšený, že môžem preskúmať toto nové mesto a spoznať jeho **kultúru** a históriu. Svoju cestu som začal návštevou hradu, z ktorého je výhľad na Dunaj.

Výhľad odtiaľto bol neuveriteľný! Potom som sa prechádzal po starom meste, obdivoval architektúru a cestou sa zastavoval v kaviarňach. Večer som sa previezla loďou po Dunaji - bolo to také **pokojné** pozorovať všetky tie svetlá, ktoré sa mihotali na vode, keď sme okolo nich plávali. Nakoniec som si pred návratom do hotela na noc vychutnal tradičné slovenské jedlo v reštaurácii neďaleko hotela. Bolo to vynikajúce! Na druhý deň som sa zobudil skoro a **prechádzal som sa** po meste. Navštívil som niekoľko múzeí a dozvedel sa o **histórii** Bratislavy.

Popoludní som sa vydal na pešiu prehliadku mesta. **Sprievodca** nám ukázal všetky dôležité pamiatky a rozprával nám o nich príbehy. Dokonca sme sa dostali

Bratislava

La ville de Bratislava est un endroit magnifique. Elle est située au **cœur de** l'Europe et possède une histoire riche. Les gens qui y vivent sont amicaux et accueillants. Il y a beaucoup de choses à voir et à faire dans cette ville. Vous pouvez visiter le **château**, faire une promenade en bateau ou explorer la vieille ville. Il y a quelque chose pour tout le monde à Bratislava. Je suis arrivé à Bratislava par une journée ensoleillée du mois de mai. J'étais impatiente d'explorer cette nouvelle ville et de découvrir sa **culture** et son histoire. J'ai commencé mon voyage par une visite du château, qui surplombe le Danube.

Les vues de là-haut étaient incroyables ! Je me suis ensuite promenée dans la vieille ville, admirant l'architecture et m'arrêtant dans les cafés en chemin. Le soir, j'ai fait une promenade en bateau sur le Danube - c'était tellement **paisible** de voir toutes les lumières scintiller sur l'eau pendant que nous flottions. Enfin, avant de rentrer à mon hôtel pour la nuit, j'ai dégusté des plats slovaques traditionnels dans un restaurant près de mon hôtel. C'était délicieux ! Le lendemain, je me suis réveillé tôt et j'ai **marché dans** la ville. J'ai visité quelques musées et appris l'**histoire** de Bratislava.

aj do jedného z kostolov! Po prehliadke som si dal niečo na **jedenie a** potom som nakupoval na jednom z trhov v meste. Kúpil som si nejaké suveníry pre svoju rodinu doma. Posledný deň v Bratislave som sa rozhodla **odpočívať** v hoteli a vychutnávať si výhľad na mesto z mojej izby. Večer som si vyšiel na večeru s novými priateľmi, ktorých som si našiel počas môjho pobytu tu . Pri **večeri** a drinkoch sme sa výborne porozprávali a smiali sme sa až do neskorej noci. Bolo smutné rozlúčiť sa, ale viem, že sa čoskoro vrátim.

L'après-midi, j'ai fait une visite guidée de la ville. Le **guide** nous a montré tous les points de repère importants et nous a raconté des histoires à leur sujet. Nous avons même pu entrer dans l'une des églises ! Après la visite, j'ai **mangé** un morceau et j'ai fait quelques achats sur l'un des marchés de la ville. J'ai acheté quelques souvenirs pour ma famille à la maison. Pour mon dernier jour à Bratislava, j'ai décidé de **me détendre** à mon hôtel et de profiter de la vue sur la ville depuis ma chambre. Le soir, je suis sorti dîner avec les nouveaux amis que je m'étais faits pendant mon séjour ici. Nous avons passé un très bon moment à discuter autour d'un **dîner** et d'un verre, en riant jusqu'à tard dans la nuit. C'était triste de dire au revoir, mais je sais que je reviendrai bien assez tôt.

Otázky na porozumenie

1. V ktorom meste sa nachádza Bratislava?

2. Čo môžete robiť v Bratislave?

3. Čo robil autor v prvý deň v Bratislave?

4. Čo robil autor druhý deň v Bratislave?

5. Čo robil autor posledný deň v Bratislave?

6. Čo sa autorovi najviac páčilo na ich výlete?

7. Čo si autor kúpil na trhu?

8. S kým večeral autor posledný večer?

9. Aké bolo počasie, keď autor prišiel do Bratislavy?

10. Aké jedlo jedol autor počas pobytu v Bratislave?

Questions de compréhension

1. Dans quelle région se trouve la ville de Bratislava ?

2. Que peut-on faire à Bratislava ?

3. Qu'a fait l'auteur lors de son premier jour à Bratislava ?

4. Qu'ont fait les auteurs lors de leur deuxième jour à Bratislava ?

5. Qu'a fait l'auteur lors de son dernier jour à Bratislava ?

6. Quelle a été la partie du voyage que l'auteur a préférée ?

7. Qu'est-ce que l'auteur a acheté au marché ?

8. Avec qui l'auteur a-t-il dîné lors de leur dernière soirée ?

9. Quel temps faisait-il lorsque l'auteur est arrivé à Bratislava ?

10. Quel type de nourriture l'auteur a-t-il mangé pendant son séjour à Bratislava ?

Hrad Devín

Keď som prvýkrát uvidela Devina Castlea, bola to **láska na** prvý pohľad. V tom, ako slnko dopadalo na kamenné múry, bolo niečo, čo spôsobovalo, že vyzerali, akoby žiarili. Vtedy som vedel, že ho musím vidieť zblízka. A tak som sa o niekoľko týždňov neskôr vybrala na jednodňový výlet z Prahy, aby som navštívila hrad Devín. Hneď ako som prešiel **bránou,** mal som pocit, že som sa preniesol v čase. Hrad je tak dobre zachovaný a je okolo neho toľko histórie. Niet divu, prečo ľudia hovoria, že toto miesto je magické. Strávil som hodiny skúmaním každého centimetra hradného areálu a dozvedel som sa všetko o jeho **fascinujúcej** minulosti. A hoci bol preplnený turistami, keď som stál pred hradom Devín, na chvíľu som mal pocit, že som jediný človek na svete.

Druhýkrát som Devina Castlea videl v hmlistom novembrovom ráne. **Hrad** vyzeral úplne inak ako v lete, ale bol rovnako krásny. Na tom, ako hmla obklopovala hrad, bolo niečo, čo ho ešte viac pripomínalo ako z **rozprávky**. Chvíľu som sa prechádzala po areáli, vnímala všetko a nechala som sa unášať svojou predstavivosťou. Mala som pocit, že takmer vidím **duchov** stredovekých rytierov, ako sa preháňajú na svojich koňoch cez hmlu. A na chvíľu som prisahala, že

Château Devín

La première fois que j'ai vu Devin Castle, j'ai eu le coup de **foudre**. Il y avait quelque chose dans la façon dont le soleil frappait les murs de pierre qui donnait l'impression qu'ils brillaient. J'ai alors su que je devais le voir de plus près. Quelques semaines plus tard, j'ai donc fait une excursion d'une journée depuis Prague pour visiter le château de Devin. Dès que j'ai franchi les **portes**, j'ai eu l'impression d'avoir été transportée dans le passé. Le château est si bien conservé et il y a tellement d'histoire autour de lui. Il n'est pas étonnant que les gens disent que cet endroit est magique. J'ai passé des heures à explorer les moindres recoins du château et à apprendre tout sur son passé **fascinant**. Et même s'il était bondé de touristes, pendant un instant, devant le château Devin, j'ai eu l'impression d'être la seule personne au monde.

La deuxième fois que j'ai vu le château de Devin, c'était par un matin brumeux de novembre. Le **château** était complètement différent de ce qu'il était en été, mais il était tout aussi beau. Il y avait quelque chose dans la façon dont la brume entourait le château qui le faisait ressembler encore plus à un **conte de fées**. Je me suis promené dans le parc pendant un moment, en prenant tout et en laissant mon imagination s'exprimer. J'avais

som počula, ako z jednej z **veží** niekto hrá na lutnu.

Tretíkrát som Devina Castlea videl minulý týždeň počas snehovej búrky. Celé miesto vyzeralo ako zo zimnej krajiny zázrakov. Hoci technicky nebol otvorený pre návštevníkov, neodolal som a preliezol plot, aby som sa dostal bližšie. Hneď ako som vstúpil na pozemok, cítil som sa ako v **úplne** inom svete. Ťažko sa to vysvetľuje, ale na tomto mieste je jednoducho niečo, čo vám dáva pocit, že všetko je možné. Neviem kedy ani ako, ale hrad Devin sa nejako stal mojou súčasťou. Akoby tam bol odjakživa a čakal, kým ho nájdem. A teraz, keď sa mi to podarilo, **si** bez neho neviem **predstaviť** svoj život. Zakaždým, keď vidím hrad, mám pocit, že sa vraciam domov. Hoci som ho prvýkrát navštívila len pred niekoľkými mesiacmi, hrad Devín sa už stal jedným z mojich **najcennejších** miest na svete.

l'impression de pouvoir presque voir les **fantômes**
des chevaliers médiévaux chevauchant leurs chevaux
dans le brouillard. Et pendant un moment, j'ai juré avoir
entendu quelqu'un jouer du luth depuis l'une des **tours**.

La troisième fois que j'ai vu Devin Castle, c'était la
semaine dernière, pendant une tempête de neige.
L'endroit avait l'air de sortir tout **droit d'**un pays des
merveilles hivernales. Même si, techniquement, il n'était
pas ouvert aux visiteurs, je n'ai pas pu résister à l'envie
d'escalader la clôture pour m'en approcher. Dès que j'ai
mis le pied sur la propriété, j'ai eu l'impression d'être
dans un **tout** autre monde. C'est difficile à expliquer,
mais il y a quelque chose dans cet endroit qui vous
donne l'impression que tout est possible. Je ne sais pas
quand ni comment, mais d'une certaine manière, Devin
Castle est devenu une partie de moi. C'est comme
s'il avait toujours été là, attendant que je le trouve. Et
maintenant que je l'ai trouvé, je ne peux pas **imaginer**
ma vie sans lui. Chaque fois que je vois le château,
j'ai l'impression de rentrer chez moi. Même si je ne l'ai
visité pour la première fois qu'il y a quelques mois, le
château de Devin est déjà devenu l'un des endroits **que**
je **chéris** le plus au monde.

Otázky na porozumenie

1. Aký je autorov prvý dojem z Devina Castlea?

2. Čo hovorí autor o vzhľade hradu v rôznych ročných obdobiach?

3. Čo cíti autorka, keď navštívi hrad Devin?

4. Aké je autorovo obľúbené ročné obdobie na návštevu hradu Devín?

5. Čo hovorí autor o histórii hradu?

6. Čo hovorí autor o areáli hradu?

7. Čo hovorí autor o hradných vežiach?

8. Čo hovorí autor o návštevníkoch hradu?

9. Čo si autor myslí o Devinovi Castleovi?

10. Čo hovorí autorka o svojich návštevách na hrade Devin?

Questions de compréhension

1. Quelle est la première impression de l'auteur sur Devin Castle ?

2. Que dit l'auteur à propos de l'apparence du château en fonction des saisons ?

3. Que ressent l'auteur lorsqu'elle visite le château de Devin ?

4. Quelle est la période de l'année que l'auteur préfère pour visiter le château de Devin ?

5. Que dit l'auteur sur l'histoire du château ?

6. Que dit l'auteur à propos du parc du château ?

7. Que dit l'auteur à propos des tours du château ?

8. Que dit l'auteur à propos des visiteurs du château ?

9. Que pense l'auteur de Devin Castle ?

10. Que dit l'auteur à propos de ses visites au château de Devin ?

Schnitzel

Schnitzel bol veselý malý knírač, ktorý nemal nič radšej ako hranie sa so svojimi hračkami a naháňanie **veveričiek** v parku. Jedného dňa, keď bol Schnitzel na prechádzke so svojím majiteľom, zbadal na zemi ležať chutne vyzerajúcu klobásu. Bez ďalšieho premýšľania Schnitzel zhltol **klobásu na** jedno sústo. Netušil, že to bude začiatok veľmi rušného dňa. Po zjedení klobásy sa šnicel začal cítiť zvláštne. Začalo mu škvŕkať v žalúdku a pocítil nekontrolovateľnú potrebu behať dookola. Šprintoval kolá okolo bloku, až napokon od **vyčerpania** skolaboval. Keď sa mu jeho majiteľ pokúsil dať trochu vody, Schnitzel odmietol a opäť utiekol do **parku.**

Nevedel to vysvetliť, ale niečo v ňom **sa** muselo **hýbať.** Ako Schnitzel pokračoval v behu, začal sa cítiť ešte zvláštnejšie. Videl rozmazane a všade okolo seba počul zvláštne **hlasy.** Zdalo sa mu, že vidí obrovskú vevericu, ktorá ho prenasleduje, a tak bežal ešte rýchlejšie. Zrazu všetko sčernelo a Schnitzel stratil vedomie. Keď sa Schnitzel prebral, zistil, že sa nachádza v **žiarivo** bielej miestnosti. Bol obklopený ľuďmi v laboratórnych plášťoch, ktorí doňho pichali a pichali ho zvláštnymi **nástrojmi.** Ako ho skúmali, mrmlali slová ako "toxický" a "otrávený". Schnitzel nevedel, čo sa deje, ale vedel,

Schnitzel

Schnitzel était un joyeux petit schnauzer qui n'aimait rien tant que jouer avec ses jouets et poursuivre les **écureuils** dans le parc. Un jour, alors que Schnitzel se promenait avec son maître, il aperçut une délicieuse saucisse sur le sol. Sans réfléchir davantage, Schnitzel a englouti la **saucisse** en une seule bouchée. Il était loin de se douter que ce serait le début d'une journée très mouvementée. Après avoir mangé la saucisse, le schnitzel a commencé à se sentir bizarre. Son estomac a commencé à gronder, et il a ressenti une envie incontrôlable de courir. Il a fait des tours de pâté de maisons en courant jusqu'à ce qu'il s'effondre d'**épuisement**. Lorsque son propriétaire a essayé de lui donner de l'eau, Schnitzel a refusé et s'est à nouveau enfui dans le **parc**.

Il ne pouvait pas l'expliquer, mais quelque chose en lui devait continuer à **bouger**. Alors que Schnitzel continuait à courir, il a commencé à se sentir encore plus étrange. Sa vision s'est troublée et il entendait des **voix** étranges tout autour de lui. Il a cru voir un écureuil géant à sa poursuite, alors il a couru encore plus vite. Soudain, tout est devenu noir et Schnitzel s'est évanoui. Lorsque Schnitzel s'est réveillé, il s'est retrouvé dans une pièce blanche et **lumineuse**. Il était entouré de

že niečo nie je v poriadku.

Vzápätí Schnitzelovi **pichli injekciu s nejakým** protijedom a odviezli ho do sanitky. Odviezli ho do zvieracej **nemocnice,** kde sa niekoľko nasledujúcich dní zotavoval zo svojho utrpenia. Našťastie, vďaka rýchlemu mysleniu lekárov a sestier **sa** Schnitzel úplne **zotavil - hoci** jeho majiteľ nikdy nezabudne, ako blízko bol k strate svojho **milovaného** domáceho maznáčika. V súčasnosti si Schnitzel dáva oveľa väčší pozor na to, čo zje, keď je na prechádzke. Vie, že sú veci, ktoré sú príliš dobré na to, aby im odolal, ale niekedy je lepšie byť v bezpečí, ako ľutovať!

personnes en blouse de laboratoire qui le piquaient et le poussaient avec d'étranges **instruments**. En l'examinant, ils murmurent des mots comme "toxique" et "empoisonné". Schnitzel ne savait pas ce qui se passait, mais il savait que quelque chose n'allait pas.

L'instant d'après, Schnitzel s'est vu **injecter une** sorte d'antidote et a été transporté dans une ambulance. Il a été emmené à l'**hôpital pour** animaux, où il a passé les jours suivants à se remettre de son épreuve. Heureusement, grâce à la rapidité d'esprit des médecins et des infirmières, Schnitzel s'est complètement **rétabli, mais** son propriétaire ne lui a jamais fait oublier qu'il a failli perdre son animal de compagnie **adoré**. Aujourd'hui, Schnitzel fait beaucoup plus attention à ce qu'il mange lorsqu'il se promène. Il sait que certaines choses sont trop bonnes pour qu'on y résiste, mais parfois il vaut mieux prévenir que guérir !

Otázky na porozumenie

1. Čo jedol Schnitzel, že mal taký rušný deň?

2. Ako sa cítil Schnitzel po zjedení klobásy?

3. Prečo Schnitzel pokračoval v behu aj potom, čo sa cítil vyčerpaný?

4. Čo videl Schnitzel pred tým, ako odpadol?

5. Ako bol Schnitzel zachránený?

6. Čo sa Schnitzel naučil zo svojej skúsenosti?

7. Čo znamená slovo "toxický"?

8. Čo znamená slovo "protilátka"?

9. Čo je to knírač?

10. Čo je veverička?

Questions de compréhension

1. Qu'a mangé Schnitzel pour que sa journée soit si mouvementée ?

2. Comment Schnitzel s'est-il senti après avoir mangé la saucisse ?

3. Pourquoi Schnitzel a-t-il continué à courir même après s'être senti épuisé ?

4. Qu'a vu Schnitzel avant de s'évanouir ?

5. Comment Schnitzel a-t-il été sauvé ?

6. Qu'est-ce que Schnitzel a appris de son expérience ?

7. Que signifie le mot "toxique" ?

8. Que signifie le mot "antidote" ?

9. Qu'est-ce qu'un schnauzer ?

10. Qu'est-ce qu'un écureuil ?

Jaskyne Slovenského krasu

Jaskyne Slovenského krasu sú sieťou viac ako 12 000 jaskýň, ktoré sa nachádzajú na území Slovenskej republiky. Patria k **najväčším** a najzložitejším jaskynným systémom v Európe a už po stáročia sú vyhľadávaným cieľom turistov. Jedného letného dňa skupina turistov skúmala jednu z jaskýň, keď narazila na zvláštneho tvora, ktorý číhal v tieni. Tvor bol malý a chlpatý s veľkými očami a zdalo sa, že ich pozorne sleduje. Turisti sa **ho** zľakli, ale rýchlo si uvedomili, že nepredstavuje žiadnu hrozbu. Začali si ho fotografovať a čoskoro sa o záhadnom jaskynnom tvorovi začalo hovoriť. Tvor sa rýchlo stal senzáciou na sociálnych sieťach a ľudia sa o ňom chceli dozvedieť viac. Do jaskyne bol **vyslaný** tím vedcov, aby tvora preskúmal a pokúsil sa zistiť, čo je zač.

Po týždňoch výskumu sa vedcom stále nedarilo **identifikovať** tvora. Zistili však, že je nočný a vychádza len v noci. To ešte viac sťažilo jeho štúdium. Keďže záujem o tvora stále rástol, skupina dobrodruhov sa rozhodla, že sa do jaskyne vydá sama a **pokúsi sa** ho chytiť. Boli vyzbrojení uspávacími šípkami a sieťovými zbraňami, ale čoskoro zistili, že chytiť tvora nebude

Grottes karstiques slovaques

Les grottes du Karst slovaque sont un réseau de plus de 12 000 grottes situées en République slovaque. Elles comptent parmi les systèmes de grottes les **plus vastes** et les plus complexes d'Europe, et constituent une destination touristique populaire depuis des siècles. Un jour d'été, un groupe de touristes explorait l'une des grottes lorsqu'il a rencontré une étrange créature tapie dans l'ombre. La créature était petite et poilue, avec de grands yeux, et elle semblait les observer attentivement. Les touristes ont été surpris par la **créature**, mais ils ont vite compris qu'elle ne représentait aucune menace. Ils ont commencé à la prendre en photo et, très vite, le bruit s'est répandu qu'il s'agissait d'une mystérieuse créature des cavernes. La créature est rapidement devenue une sensation sur les médias sociaux, et les gens étaient impatients d'en savoir plus. Une équipe de scientifiques a été **dépêchée** dans la grotte pour étudier la créature et tenter de déterminer ce qu'elle était.

Après des semaines de recherche, les scientifiques n'ont toujours pas pu **identifier la** créature. Ils ont cependant découvert qu'elle était nocturne et ne

ľahké. Bol neuveriteľne **rýchly** a pohyblivý, takže sa k nemu nemohli priblížiť natoľko, aby ho mohli zastreliť. Po niekoľkých neúspešných pokusoch sa dobrodruhom nakoniec podarilo tvora chytiť. Vzali ho späť do svojho laboratória na ďalšie **štúdium**. Tam konečne zistili, čo to bolo za stvorenie: nový druh netopiera, ktorého nikdy predtým nevideli. Netopier dostal meno a čoskoro sa stal známym ako jaskynný netopier Slovenského krasu.

Objav jaskynného netopiera Slovenského krasu bol významným vedeckým **objavom**. Bol to prvý nový druh netopiera objavený po viac ako 100 rokoch. Jaskyňa, v ktorej bol nájdený, sa rýchlo stala **obľúbeným turistickým** cieľom a ľudia z celého sveta prichádzali, aby videli tohto nepolapiteľného tvora. Jaskynný netopier zo Slovenského krasu sa rýchlo stal svetovou senzáciou.

sortait que la nuit. Cela rendait son étude encore plus difficile. L'intérêt pour cette créature ne cessant de croître, un groupe d'aventuriers a décidé de pénétrer dans la grotte pour **tenter de** la capturer. Ils étaient armés de fléchettes tranquillisantes et de fusils à filet, mais ils se sont vite rendu compte que la capture de la créature n'allait pas être facile. Elle était incroyablement **rapide** et agile, ce qui les empêchait de s'approcher suffisamment pour l'abattre. Après plusieurs tentatives infructueuses, les aventuriers ont finalement réussi à capturer la créature. Ils l'ont ramené dans leur laboratoire pour l'**étudier** plus en détail. C'est là qu'ils ont finalement découvert ce qu'était la créature : une nouvelle espèce de chauve-souris qui n'avait jamais été vue auparavant. La chauve-souris reçut un nom et fut bientôt connue sous le nom de chauve-souris slovaque des grottes karstiques.

La découverte de la chauve-souris slovaque des grottes karstiques a constitué une **avancée** scientifique majeure. Il s'agissait de la première nouvelle espèce de chauve-souris à être découverte depuis plus de 100 ans. La grotte où elle a été découverte est rapidement devenue une destination touristique **populaire**, et des gens sont venus du monde entier pour voir cette créature insaisissable. La chauve-souris du karst slovaque est rapidement devenue une sensation mondiale.

Otázky na porozumenie

1. Čo sú jaskyne Slovenského krasu?

2. Koľko jaskýň je v Slovenskom krase?

3. Čo našli turisti v jaskyni?

4. Čo vedci zistili o tomto tvorovi?

5. Ako bolo toto stvorenie nakoniec identifikované?

6. Ako ovplyvnil objav tohto tvora cestovný ruch v oblasti?

7. Ako ľudia reagovali na objavenie tohto tvora?

8. Čo viedlo tím vedcov k tomu, aby skúmali biotop tohto tvora?

9. Čo zistili vedci o jaskyni, v ktorej žil tento tvor?

10. Aký význam má objav jaskynného netopiera v Slovenskom krase?

Questions de compréhension

1. Que sont les grottes karstiques slovaques ?

2. Combien y a-t-il de grottes dans le Karst slovaque ?

3. Qu'est-ce que les touristes ont trouvé dans la grotte ?

4. Qu'ont découvert les scientifiques au sujet de la créature ?

5. A quoi la créature a-t-elle finalement été identifiée ?

6. Comment la découverte de la créature a-t-elle affecté le tourisme dans la région ?

7. Comment les gens ont-ils réagi à la découverte de la créature ?

8. Quelle était la motivation de l'équipe de scientifiques pour étudier l'habitat de la créature ?

9. Qu'ont découvert les scientifiques à propos de la grotte où vivait la créature ?

10. Quelle est l'importance de la découverte de la chauve-souris du karst slovaque ?

Peter Sagan

Peter Sagan sa narodil, aby jazdil na **bicykli**. Pretekať začal ešte ako malý chlapec a rýchlo sa stal jedným z najúspešnejších cyklistov na svete. Jeho prirodzené schopnosti a tvrdá práca z neho urobili jedného z **najuznávanejších** jazdcov v histórii, ktorý má na konte viacero víťazstiev na majstrovstvách sveta a Tour de France. Peter to však nemal vždy ľahké. V roku 2016 sa stal účastníkom nehody, po ktorej utrpel **vážne** zranenia. Mnohí ľudia si mysleli, že jeho kariéra sa môže skončiť, ale Peter im dokázal, že sa mýlili, keď sa vrátil silnejší ako kedykoľvek predtým. V súčasnosti je Peter stále považovaný za jedného z najlepších cyklistov na svete. Naďalej vyhráva **preteky** a inšpiruje ostatných svojou vášňou pre cyklistiku. Bol to **krásny** deň na jazdu.

Slnko svietilo a fúkal vietor, ideálne podmienky na bicyklovanie. Peter Sagan sa vydal na bicykel a túžil najazdiť nejaké kilometre. Počas jazdy premýšľal o všetkých úspechoch, ktoré dosiahol vo svojej kariére. Vyhral **viacero** majstrovstiev sveta a etáp Tour de France, ale zažil aj ťažké chvíle. V roku 2016 sa stal účastníkom nehody, po ktorej utrpel **vážne** zranenia. Mnohí ľudia si mysleli, že jeho kariéra sa môže skončiť, ale Peter im dokázal, že sa mýlili, keď sa vrátil silnejší

Peter Sagan

Peter Sagan est né pour faire du **vélo**. Il a commencé à courir alors qu'il n'était encore qu'un jeune garçon et est rapidement devenu l'un des cyclistes les plus performants au monde. Ses capacités naturelles et son travail acharné ont fait de lui l'un des coureurs les plus **décorés** de l'histoire, avec de multiples championnats du monde et des victoires au Tour de France à son actif. Mais cela n'a pas toujours été facile pour Peter. En 2016, il a été impliqué dans une chute qui l'a laissé avec de **graves** blessures. Beaucoup de gens ont pensé que sa carrière pourrait être terminée, mais Peter leur a prouvé le contraire en revenant plus fort que jamais. Aujourd'hui, Peter est toujours considéré comme l'un des meilleurs cyclistes au monde. Il continue à gagner des **courses** et à inspirer les autres par sa passion pour le cyclisme. C'était une **belle** journée pour une balade.

Le soleil brillait et la brise soufflait, des conditions parfaites pour le cyclisme. Peter Sagan a enfourché son vélo, impatient d'engranger quelques kilomètres. Tout en roulant, il pense à tous les succès qu'il a connus au cours de sa carrière. Il avait remporté **de multiples** championnats du monde et des étapes du Tour de France, mais il y avait aussi eu des moments difficiles.

ako kedykoľvek predtým. Peter Sagan nemiluje nič viac ako byť na bicykli a cítiť vietor, ktorý mu vŕzga vo vlasoch. Je to niečo, čo mu prináša radosť a **pokoj,** najmä po všetkom, čím **si v** posledných rokoch **prešiel.**

V roku 2016 sa Peter počas Tour de France stal účastníkom hrozivej nehody, pri ktorej utrpel vážne zranenia vrátane **zlomenín** kostí a vnútorného krvácania. Niektorí ľudia si mysleli, že to bude koniec jeho pretekárskej **kariéry,** ale mýlili sa. Po mesiacoch rehabilitácie sa Peter neuveriteľne vrátil a vyhral viacero pretekov vrátane dvoch etáp na minuloročnej Tour de France. Nielenže všetkým dokázal, že sa mýlili, ale inšpiroval aj ďalších jazdcov, ktorí si možno prešli podobnými ťažkými skúškami. Bez ohľadu na to, čo mu **život** pripraví, Peter bude vždy šliapať do pedálov.

En 2016, il avait été impliqué dans une chute qui l'avait laissé avec de **graves** blessures. Beaucoup de gens pensaient que sa carrière pouvait être terminée, mais Peter leur a prouvé le contraire en revenant plus fort que jamais. Peter Sagan n'aime rien de plus que d'être sur son vélo et de sentir le vent s'engouffrer dans ses cheveux. C'est quelque chose qui lui apporte joie et **paix**, surtout après tout ce qu'il a **traversé ces** dernières années.

En 2016, Peter a été impliqué dans une horrible chute pendant le Tour de France qui l'a laissé avec de graves blessures, notamment des os **cassés** et des hémorragies internes. Certaines personnes pensaient que ce serait la fin de sa **carrière de** coureur, mais elles avaient tort . Après des mois de rééducation, Peter a fait un retour incroyable, remportant plusieurs courses, dont deux étapes du Tour de France l'année dernière. Non seulement il a prouvé que tout le monde avait tort, mais il a aussi inspiré d'autres coureurs qui ont peut-être traversé des épreuves similaires. Peu importe ce que la **vie** lui réserve, Peter continuera toujours à pédaler vers l'avant.

Otázky na porozumenie

1. Aké sú niektoré z úspechov Petra Sagana?

2. Čo sa stalo s Petrom Saganom v roku 2016?

3. Ako reagoval Peter Sagan na svoje zranenia v roku 2016?

4. Čo si myslia priatelia a rodina Petra Sagana o jeho vášni pre cyklistiku?

5. Čo motivuje Petra Sagana, aby pokračoval v cyklistike?

6. Čo miluje Peter Sagan na cyklistike?

7. Čo je na práci profesionálneho cyklistu najťažšie?

8. Aká je obľúbená cyklistická trasa Petra Sagana?

9. Na akom bicykli jazdí Peter Sagan?

10. Aké sú ciele Petra Sagana do budúcnosti?

Questions de compréhension

1. Quels sont les accomplissements de Peter Sagan ?

2. Qu'est-il arrivé à Peter Sagan en 2016 ?

3. Comment Peter Sagan a-t-il réagi à ses blessures en 2016 ?

4. Que pensent les amis et la famille de Peter Sagan de sa passion pour le cyclisme ?

5. Qu'est-ce qui motive Peter Sagan à continuer à faire du vélo ?

6. Qu'est-ce que Peter Sagan aime dans le cyclisme ?

7. Quelle est l'une des choses les plus difficiles dans le métier de cycliste professionnel ?

8. Quel est le parcours cycliste préféré de Peter Sagan ?

9. Quel type de vélo utilise Peter Sagan ?

10. Quels sont les objectifs de Peter Sagan pour l'avenir ?

Gulášová polievka

Na Slovensku bol chladný zimný deň a na jedálnom lístku bola gulášová polievka. Hustá, výdatná polievka z hovädzieho mäsa, **zemiakov,** mrkvy a cibule bola presne to, čo všetci potrebovali na zahriatie. Keď sa rodina zhromaždila okolo stola, cítili lahodnú vôňu guláša, ktorý sa varil v hrnci. Všetci si dychtivo naplnili **misky** horúcou polievkou a nabrali si prvé lyžice. Chuť im explodovala v ústach; bola ešte lepšia, ako si predstavovali! Hovädzie mäso bolo **mäkké,** zelenina dokonale uvarená a vývar bol bohatý a aromatický. Bolo to naozaj dokonalé jedlo na chladný zimný deň. Keď dojedli svoje misky polievky, všetci sa cítili **teplí** a spokojní. Guláš sa im určite zapáčil! Potom sa však stalo niečo zvláštne.

Členovia rodiny sa jeden po druhom začali cítiť trochu **inak**. Začalo im škvŕkať v žalúdku a pociťovali nekontrolovateľné nutkanie grgnúť. Najprv sa to snažili zadržať, ale bolo to príliš silné. Vypustili obrovské **grganie,** ktoré sa ozývalo celým domom. Netrvalo dlho a všetci začali hlasno a často grgať; guláš im všetkým spôsobil plynatosť! Ale aj keď **vydávali** trápne **zvuky,** nikto nemohol prestať jesť chutnú polievku. Vlastne sa všetci vrátili po druhú... a tretiu... a štvrtú! Keď dojedli plnú misu guláša, všetci mali nafúknuté žalúdky

Soupe de goulasch

C'était une froide journée d'hiver en Slovaquie, et la soupe goulash était au menu. Cette soupe épaisse et consistante à base de bœuf, de **pommes de terre**, de carottes et d'oignons était exactement ce dont tout le monde avait besoin pour se réchauffer. En se réunissant autour de la table, les membres de la famille ont pu sentir l'arôme délicieux du goulasch qui mijotait dans la marmite. Tous s'empressent de remplir leurs **bols** avec la soupe chaude et fumante et prennent leurs premières cuillerées. Les saveurs explosent dans leurs bouches ; c'est encore meilleur que ce qu'ils avaient imaginé ! Le bœuf était **tendre**, les légumes étaient parfaitement cuits, et le bouillon était riche et savoureux. C'était vraiment un repas parfait pour une froide journée d'hiver. En finissant leurs bols de soupe, tout le monde se sentait **chaud** et satisfait. Le goulasch a vraiment fait du bien ! Mais alors, quelque chose d'étrange s'est produit.

Un par un, les membres de la famille ont commencé à se sentir un peu **différents**. Leur estomac a commencé à gargouiller et ils ont ressenti une envie incontrôlable de roter. Au début, ils essayaient de se retenir, mais c'était trop fort. Ils ont émis d'énormes **rots** qui ont résonné dans toute la maison. Il ne fallut pas longtemps

od nahromadených plynov. Kývali sa ako tučniaci a vypúšťali z úst malé "poot". Dokonca aj pes sa zapojil do akcie; začal prdieť ako **búrka**! Z jeho zadku sa ozývali zvuky ako pri hromobití.

Všetci sa smiali, ako hlúpo vyzerá (a smrdí). **Nakoniec** ľudia začali odchádzať; niektorí museli ísť do práce, iní už nemohli vydržať ďalšiu zábavu s flatulenciou (po chvíli to môže byť dosť ohromujúce). Keď každý človek odchádzal ,nezabudol poďakovať svojej hostiteľke za také **skvelé** jedlo - aj keď možno teraz ľutovala svoje rozhodnutie urobiť gulášovú polievku! Dom bol konečne prázdny a pes si išiel von vybaviť svoje záležitosti. Jediný zvuk, ktorý bolo počuť, bolo jemné **chrápanie** spiaceho dieťaťa. Celkovo to bolo vydarené - aj keď trochu zapáchajúce - zimné jedlo!

pour que tout le monde rote bruyamment et souvent : la goulash leur avait donné des gaz ! Mais même s'ils faisaient des **bruits** embarrassants, personne ne pouvait s'empêcher de manger cette délicieuse soupe. En fait, ils en reprennent une deuxième... une troisième... une quatrième ! Lorsqu'ils ont terminé leur bol de goulasch, tous ont l'estomac gonflé et distendu par l'accumulation de gaz. Ils se sont déplacés en se dandinant comme des pingouins, en laissant échapper de petits "poots". Le chien a même participé à l'action : il s'est mis à péter comme un **fou** ! On aurait dit des coups de tonnerre venant de son derrière.

Tout le monde riait de son air (et de son odeur) stupide. **Finalement**, les gens ont commencé à partir ; certains devaient aller travailler, tandis que d'autres n'en pouvaient plus de s'amuser avec des flatulences (cela peut devenir assez accablant après un certain temps). En partant, chacun s'est assuré de remercier son hôtesse pour ce **merveilleux** repas, même si elle regrettait peut-être sa décision de faire une soupe au goulasch ! La maison était enfin vide, et le chien était sorti faire ses besoins. Le seul bruit que l'on pouvait entendre était le doux **ronflement** du bébé endormi. Dans l'ensemble, ce fut un repas d'hiver réussi, bien que légèrement odorant !

Otázky na porozumenie

1. Čo bolo na jedálnom lístku rodinného stretnutia?

2. Prečo bola gulášová polievka ideálna do chladného počasia?

3. Čo sa stalo s rodinou po zjedení polievky?

4. Ako pes prispel k situácii?

5. Ako sa cítili členovia rodiny po odchode zo stretnutia?

6. Aký zvuk naplnil dom po tom, čo všetci odišli?

7. Prečo mohla hostiteľka ľutovať svoje rozhodnutie uvariť gulášovú polievku?

8. Čo znamená slovo "guláš"?

9. Aký druh polievky je gulášová polievka?

10. Aké sú ingrediencie gulášovej polievky?

Questions de compréhension

1. Quel était le menu de la réunion de famille ?

2. Pourquoi la soupe de goulasch était-elle parfaite pour le temps froid ?

3. Qu'est-il arrivé à la famille après qu'elle ait mangé la soupe ?

4. Comment le chien a-t-il contribué à la situation ?

5. Comment les membres de la famille se sont-ils sentis après avoir quitté la réunion ?

6. Quel bruit a envahi la maison après le départ de tout le monde ?

7. Pourquoi la maîtresse de maison a-t-elle pu regretter sa décision de faire une soupe au goulasch ?

8. Que signifie le mot "goulache" ?

9. Quel genre de soupe est la soupe de goulasch ?

10. Quels sont les ingrédients de la soupe de goulasch ?

Ľadový hokej

Na Slovensku bol **chladný** zimný deň a na zimnom štadióne sa korčuľovali a hrali hry ľudia všetkých vekových kategórií. Vzduch bol naplnený zvukom korčúľ škriabajúcich o ľad a smiechom. Jeden mladý chlapec, Tomáš, bol dnes na klzisku obzvlášť nadšený. Práve dostal svoje prvé **korčule** a nemohol sa dočkať, až ich vyskúša. Opatrne vstúpil na ľad a pridržiaval sa steny, aby mal oporu. Nohy sa mu spočiatku triasli, ale čoskoro si zvykol a začal **sebavedomo** kĺzať. Hral sa s kamarátmi hry, až kým nenastal čas ísť domov. Keď odchádzal z klziska, vedel, že zajtra sa sem vráti znova - tentoraz ešte lepšie **pripravený**. Nasledujúci deň vstával Tomáš skoro a nemohol sa dočkať návratu na **klzisko**.

Obul si korčule a vyrazil von, tentoraz bez toho, aby sa držal steny. Dnes sa cítil **istejšie a** chcel vyskúšať korčuľovanie dozadu. Po niekoľkých pokusoch sa mu to konečne podarilo a žiaril pýchou. Na klzisku strávil celý deň a domov sa vrátil, až keď sa začalo stmievať. Jeho rodičia boli radi, že sa tak **zaujímal o** hokej, a sľúbili mu, že ho čoskoro zoberú na profesionálny zápas. Tomáš sa nemohol dočkať - vedel, že jedného dňa bude hrať na tom istom ľade. O niekoľko rokov neskôr bol Tomáš členom slovenského národného hokejového

Hockey sur glace

C'était une **froide** journée d'hiver en Slovaquie, et la patinoire était occupée par des personnes de tous âges qui patinaient et jouaient. L'air est rempli du bruit des patins qui raclent la glace et des rires. Un jeune garçon, Tomas, était particulièrement heureux d'être à la patinoire aujourd'hui. Il venait de recevoir sa première paire de **patins** et avait hâte de l'essayer. Il a fait un pas prudent sur la glace, en se tenant au mur pour se soutenir. Au début, il avait les jambes flageolantes, mais il s'y est vite habitué et a commencé à glisser **avec confiance**. Il a joué à des jeux avec ses amis jusqu'à ce qu'il soit temps de rentrer chez lui. En quittant la patinoire, il savait qu'il reviendrait demain, mais cette fois mieux **préparé**. Tomas s'est levé tôt le lendemain, impatient de retourner à la **patinoire**.

Il a mis ses patins et est sorti, cette fois sans se tenir au mur. Il se sentait plus **confiant** aujourd'hui et voulait essayer de patiner à reculons. Après quelques essais, il y est finalement parvenu et a rayonné de fierté. Il a passé toute la journée à la patinoire, ne rentrant chez lui que lorsqu'il commençait à faire nuit. Ses parents sont heureux de voir qu'il s'**intéresse** tant au hockey et lui promettent de l'emmener bientôt voir un match professionnel. Tomas est impatient, il sait qu'un jour

tímu. Tvrdo pracoval, aby sa dostal tam, kde bol, a miloval každú minútu. Miloval pocit korčuľovania po ľade vo vysokej rýchlosti, prácu s pukom s hokejkou a strieľanie gólov. Dnes hral na **turnaji a** jeho tím sa stretol s Kanadou.

Zápas bol vyrovnaný, ale nakoniec sa z neho tešilo Slovensko, ktoré zvíťazilo 3:2. Keď Tomáš dvíhal trofej nad hlavu, spomínal na svoje začiatky, keď sa učil korčuľovať - vedel, že ak sa človek odhodlá, je **možné** všetko! Bol to finálový zápas play-off Stanleyho pohára a Tomášov tím stál proti najväčším **rivalom,** Rusku. Celá krajina stála za nimi a **povzbudzovala** ich. Zápas bol napínavý, ale nakoniec Slovensko vyhralo výsledkom 4:3. Keď z oblohy padali konfety a Tomáš objímal svojich spoluhráčov, premýšľal o tom, ako ďaleko sa dostal od tých prvých dní **korčuľovania na** miestnom klzisku. Vedel, že tento okamih mu zostane navždy - konečne sa mu splnil sen.

il jouera sur cette même glace. Quelques années plus tard, Tomas était membre de l'**équipe** nationale slovaque de hockey. Il avait travaillé dur pour arriver là où il était et en aimait chaque minute. Il aimait la sensation de patiner sur la glace à grande vitesse, de manier le palet avec sa crosse et de marquer des buts. Aujourd'hui, il participait à un **tournoi** et son équipe affrontait le Canada.

Le match a été serré, mais à la fin, la Slovaquie a remporté une victoire de 3-2. En soulevant le trophée au-dessus de sa tête, Tomas a repensé à ses premiers jours d'apprentissage du patinage et a compris que tout était **possible** si on s'y mettait ! C'était le dernier match des séries éliminatoires de la Coupe Stanley et l'équipe de Tomas affrontait son plus grand **rival**, la Russie. Le pays tout entier était derrière eux et les **encourageait**. Le match était intense, mais à la fin, la Slovaquie a gagné sur le score de 4-3. Alors que les confettis tombent du ciel et que Tomas embrasse ses coéquipiers, il pense à tout le chemin qu'il a parcouru depuis ces premiers jours de **patinage** à la patinoire locale. Il sait que ce moment restera à jamais gravé dans sa mémoire : il a enfin réalisé son rêve.

Otázky na porozumenie

1. Kde korčuľoval Tomáš?

2. S kým korčuľoval Tomáš?

3. Ako voňal vzduch?

4. Ako sa cítil Tomáš, keď prvýkrát vstúpil na ľad?

5. Čo robil Tomáš, keď prišiel domov?

6. Ako sa Tomáš cítil na druhý deň, keď sa vrátil na ľad?

7. Aký bol Tomášov cieľ?

8. O koľko rokov neskôr hral Tomáš na turnaji?

9. Aké bolo konečné skóre zápasu?

10. Na čo myslel Tomáš, keď padali konfety?

Questions de compréhension

1. Où Tomas patinait-il ?

2. Avec qui Tomas patinait-il ?

3. Quelle était l'odeur de l'air ?

4. Comment s'est senti Tomas lorsqu'il est entré sur la glace pour la première fois ?

5. Qu'a fait Tomas en rentrant chez lui ?

6. Comment s'est senti Tomas le lendemain quand il est retourné à la patinoire ?

7. Quel était l'objectif de Tomas ?

8. Combien d'années plus tard Tomas a-t-il participé à un tournoi ?

9. Quel a été le score final du match ?

10. A quoi pensait Tomas quand les confettis sont tombés ?

Banská Štiavnica

Banská Štiavnica je malé mesto na strednom Slovensku. Je známe najmä vďaka zachovalej stredovekej architektúre a krásnej prírodnej scenérii. **História** mesta siaha do 13. storočia, keď ho založili nemeckí osadníci. Dnes je Banská Štiavnica obľúbeným turistickým cieľom Slovákov aj cudzincov. Jednou z najobľúbenejších **atrakcií** Banskej Štiavnice je hrad Červený Kameň. Hrad bol postavený v 15. storočí a v priebehu rokov slúžil ako sídlo moci viacerých uhorských **šľachticov.** Dnes sa v ňom nachádza múzeum, ktoré rozpráva o histórii hradu. Návštevníci si z jeho veží môžu vychutnať aj nádherný výhľad na okolitú krajinu. Ďalším obľúbeným turistickým cieľom je Banskoštiavnické banské múzeum.

Múzeum sa nachádza v bývalej **baníckej** škole a predstavuje bohatú históriu baníctva a hutníctva v meste. Návštevníci sa môžu dozvedieť o rôznych metódach používaných na získavanie kovov zo zeme, ako aj vidieť niektoré zariadenia, ktoré sa v tomto období používali. V Banskej Štiavnici sa nachádza aj množstvo **krásnych** parkov a záhrad. Jedným z nich je park Jánosa Bolyaia, ktorý bol pomenovaný po slávnom maďarskom matematikovi, ktorý niekoľko rokov žil v Banskej Štiavnici. V parku sa nachádza

Banská Štiavnica

Banská Štiavnica est une petite ville située dans le centre de la Slovaquie. Elle est surtout connue pour son architecture médiévale bien préservée et ses magnifiques paysages naturels. L'**histoire de** la ville remonte au 13e siècle, lorsqu'elle a été fondée par des colons allemands. Aujourd'hui, Banská Štiavnica est une destination touristique populaire, tant pour les Slovaques que pour les étrangers. L'une des **attractions** les plus populaires de Banská Štiavnica est le château Červený Kameň. Le château a été construit au 15e siècle et a servi de siège du pouvoir à plusieurs **nobles** hongrois au fil des ans. Aujourd'hui, il abrite un musée qui raconte l'histoire du château. Les visiteurs peuvent également profiter d'une vue imprenable sur la campagne **environnante** depuis ses tours. Une autre destination touristique populaire est le musée de la mine de Banská Štiavnica.

Le musée est situé dans une ancienne école de **mine** et présente la riche histoire de la ville en matière d'exploitation minière et de métallurgie. Les visiteurs peuvent découvrir les différentes méthodes utilisées pour extraire les métaux de la terre et voir certains des équipements utilisés à cette époque. Banská Štiavnica abrite également de nombreux parcs et jardins

socha Bolyaia, ako aj jazierko, pri ktorom si návštevníci môžu oddýchnuť a vychutnať si pokojné prostredie. Ak hľadáte miesto, kde si môžete pochutnať na výbornom jedle, Banská Štiavnica je ideálnym miestom. Mestské **reštaurácie** ponúkajú rôzne tradičné slovenské jedlá, ako aj jedlá medzinárodnej kuchyne. Nachádza sa tu aj niekoľko kaviarní a pekární, kde si môžete vychutnať sladkú pochúťku alebo osviežujúcu šálku kávy.

Či už vás zaujíma história, **príroda,** alebo si len chcete oddýchnuť a vychutnať si dobré jedlo, Banská Štiavnica ponúka niečo pre každého. Prečo teda nenavštíviť toto pôvabné slovenské mesto a nepozrieť sa, čo všetko ponúka? Slnko práve začínalo vykukovať nad obzor a vrhalo teplú **žiaru na** mestečko Banská Štiavnica. Vtáky na stromoch spievali a ľudia sa začínali pohybovať vo svojich domovoch, pretože sa začal ďalší deň. V centre mesta sa skupinka detí hrala na bábiku okolo sochy Jánosa Bolyaia. Smiali sa a vtipkovali, ako pobehovali, bez akejkoľvek starostlivosti. Zrazu jeden z chlapcov zakopol a s hrmotom spadol na zem.

magnifiques. L'un d'entre eux est le parc János Bolyai, nommé d'après un célèbre mathématicien hongrois qui a vécu à Banská Štiavnica pendant plusieurs années. Le parc comprend une **statue** de Bolyai ainsi qu'un étang où les visiteurs peuvent se détendre et profiter de l'environnement paisible. Si vous cherchez un endroit pour déguster de délicieux plats, Banská Štiavnica est l'endroit idéal. Les **restaurants** de la ville proposent une variété de plats slovaques traditionnels ainsi qu'une cuisine internationale. Vous trouverez également plusieurs cafés et boulangeries où vous pourrez déguster une sucrerie ou une tasse de café rafraîchissante.

Que vous soyez intéressé par l'histoire, la **nature** ou que vous souhaitiez simplement vous détendre et déguster de la bonne nourriture, Banská Štiavnica a quelque chose à offrir à chacun. Alors pourquoi ne pas rendre visite à cette charmante ville slovaque et voir tout ce qu'elle a à offrir ? Le soleil commençait à peine à percer l'horizon, jetant une **lueur** chaleureuse sur la petite ville de Banská Štiavnica. Les oiseaux chantaient dans les arbres et les gens commençaient à s'agiter dans leurs maisons alors qu'une autre journée commençait. Dans le centre de la ville, un groupe d'enfants jouait à chat autour de la statue de János Bolyai. Ils riaient et plaisantaient en courant, sans se soucier du **monde**. Soudain, l'un des garçons a trébuché et est tombé au sol avec un bruit sourd.

Otázky na porozumenie

1. Čím je Banská Štiavnica najznámejšia?

2. Kedy bola Banská Štiavnica založená?

3. Čo je hrad Červený Kameň?

4. Čo je Banské múzeum v Banskej Štiavnici?

5. Čo je park Jánosa Bolyaia?

6. Kto bol János Bolyai?

7. Čo nájdete v mestských reštauráciách?

8. Čo robí slnko na začiatku textu?

9. Čo robí skupina detí okolo sochy Jánosa Bolyaia?

10. Čo sa stane s jedným z chlapcov v skupine?

Questions de compréhension

1. Pour quoi Banská Štiavnica est-elle le plus connue ?

2. Quand Banská Štiavnica a-t-elle été fondée ?

3. Qu'est-ce que le château Červený Kameň ?

4. Qu'est-ce que le musée de la mine de Banská Štiavnica ?

5. Qu'est-ce que le parc János Bolyai ?

6. Qui était János Bolyai ?

7. Que peut-on trouver dans les restaurants de la ville ?

8. Que fait le soleil au début du texte ?

9. Que fait le groupe d'enfants autour de la statue de János Bolyai ?

10. Qu'arrive-t-il à l'un des garçons du groupe ?

Tenis

Slnko nemilosrdne pálilo na tenisový **kurt**. Hráči sa veľmi potili a oblečenie sa im lepilo na telo. Dychčali a lapali po dychu, ale nechceli **prestať**. Toto bol finálový set a ten, kto ho vyhrá, sa stane šampiónom. Obaja hráči boli vyčerpaní, ale odmietali sa vzdať. Pokračovali v súbojoch tam a späť, pričom každý bod bol čoraz rozhodujúcejší. Diváci ich povzbudzovali, ale zdalo sa, že ani jeden z hráčov nepočuje nič okrem zvuku loptičky narážajúcej na ich **raketu**. Nakoniec, po hodinách, ktoré sa zdali byť dlhé, sa jednému z hráčov podarilo šťastným úderom prekonať obranu súpera a vyhrať zápasový bod. **Vyčerpaný** sa zrútil na zem, zatiaľ čo publikum vypuklo v **potlesk**.

Hráčom, ktorý vyhral zápas, bol **mladík** menom John. Tenis hral len niekoľko rokov, ale rýchlo sa stal jedným z najlepších hráčov v krajine. Tento turnaj bol jeho prvým veľkým víťazstvom a mal pocit, že všetka jeho tvrdá práca sa **konečne vyplatila.** Keď odchádzal z kurtu, stretli ho rodičia a priatelia, ktorí mu blahoželali k víťazstvu. V ich **očiach videl** hrdosť a cítil sa vďaka tomu ešte lepšie. Vedel, že toto nebude jeho posledné víťazstvo, ale určite to bol moment, ktorý si bude navždy pamätať. Johnovým súperom bol muž menom Roger. Bol to skúsený **veterán** a tenisu sa venoval

Tennis

Le soleil tape impitoyablement sur le **court de** tennis. Les joueurs transpirent abondamment, leurs vêtements leur collent au corps. Ils sont à bout de souffle, mais ne veulent pas **s'arrêter.** C'est le dernier set et celui qui le gagne sera le champion. Les deux joueurs sont épuisés, mais ils refusent d'abandonner. Ils continuent à se battre, chaque point devenant de plus en plus crucial. Le public les encourage, mais il semble qu'aucun des deux joueurs n'entende autre chose que le son de la balle qui frappe sa **raquette.** Finalement, après ce qui semble être des heures, l'un des joueurs réussit à faire passer un coup chanceux à travers les défenses de son adversaire et à gagner la balle de match. Il s'effondre sur le sol, **épuisé,** et la foule **applaudit** à tout rompre.

Le joueur qui a gagné le match est un jeune **homme** nommé John. Il ne joue au tennis que depuis quelques années, mais il est rapidement devenu l'un des meilleurs joueurs du pays. Ce tournoi était sa première grande victoire, et il avait l'impression que tous ses efforts avaient **enfin** porté leurs fruits. En sortant du court, il a été accueilli par ses parents et ses amis, qui l'ont félicité pour sa victoire. Il pouvait lire la fierté dans leurs **yeux**, et cela l'a fait se sentir encore mieux

väčšinu svojho života. Túto prehru niesol ťažko, ale vedel, že John odohral **vynikajúci** zápas.

Pred odchodom z kurtu zablahoželal Johnovi k víťazstvu a podal mu ruku. Nevedel, či sa mu ešte niekedy podarí Johna poraziť, ale nemienil sa vzdať bez boja. Johnovo víťazstvo na turnaji z neho urobilo známe meno. Zrazu **s** ním začali **robiť rozhovory** všetky hlavné spravodajské agentúry a dokonca ho pozvali do niekoľkých talkshow. Užíval si svoju novonadobudnutú slávu, ale vedel, že to nebude trvať večne. Bol odhodlaný naďalej **vyhrávať** a upevniť si miesto jedného z najlepších tenistov v histórii. Niekoľko mesiacov po svojom veľkom víťazstve sa John opäť stretol s Rogerom na inom turnaji. Tentoraz bol Roger na neho pripravený a podarilo sa mu ho poraziť v priamom súboji. Nebolo to ľahké, ale Rogerovi sa konečne podarilo **pomstiť**.

dans sa peau. Il savait que ce ne serait pas sa dernière victoire, mais c'était certainement un moment dont il se souviendrait toujours. L'adversaire de John était un homme nommé Roger. C'est un **vétéran** chevronné qui a joué au tennis pendant la majeure partie de sa vie. Cette défaite est difficile à encaisser pour lui, mais il sait que John a joué un **excellent** match.

Il félicite John pour sa victoire et lui serre la main avant de quitter le terrain. Il ne savait pas s'il serait capable de battre John à nouveau, mais il n'allait pas abandonner sans se battre. La victoire de John dans le tournoi a fait de lui un nom connu de tous. Il est soudainement **interviewé** par tous les grands médias, et il est même invité à participer à des talk-shows. Il apprécie sa nouvelle célébrité, mais il sait qu'elle ne durera pas éternellement. Il est déterminé à continuer à **gagner** et à consolider sa place parmi les plus grands joueurs de tennis de l'histoire. Quelques mois après sa grande victoire, John rencontre à nouveau Roger lors d'un autre tournoi. Cette fois, Roger est prêt pour lui et parvient à le battre en deux sets. Ce n'était pas facile, mais Roger avait enfin pris sa **revanche**.

Otázky na porozumenie

1. Ako sa volal hráč, ktorý vyhral zápas?

2. Koľko rokov hral John tenis, keď vyhral zápas?

3. Čo urobili Johnovi rodičia a priatelia, keď sa s ním stretli po zápase?

4. Ako sa John cítil pri svojej novonadobudnutej sláve?

5. Ako dopadol druhý zápas medzi Johnom a Rogerom?

6. Ako sa cítil Roger po víťazstve v druhom zápase?

7. Čo robili diváci po skončení zápasu?

8. Prečo bol tento zápas taký dôležitý?

9. Čo urobil John po tom, ako vyhral zápas?

10. Aké bolo počas zápasu počasie?

Questions de compréhension

1. Quel est le nom du joueur qui a gagné le match ?

2. Depuis combien d'années John jouait-il au tennis lorsqu'il a gagné le match ?

3. Qu'ont fait les parents et les amis de John lorsqu'ils l'ont rencontré après le match ?

4. Que ressentait John face à sa nouvelle célébrité ?

5. Quel a été le résultat du deuxième match entre Jean et Roger ?

6. Comment Roger s'est-il senti après avoir gagné le deuxième match ?

7. Qu'a fait la foule à la fin du match ?

8. Pourquoi ce match était-il si important ?

9. Qu'a fait John après avoir gagné le match ?

10. Quel temps faisait-il pendant le match ?

Martina Hingisová

Martina Hingisová bola vždy talentovanou **tenistkou**. Začala hrať, keď mala len štyri roky, a keď mala šestnásť, získala už päť grandslamových titulov vo dvojhre. V roku 2007, vo veku tridsať rokov, však Martina oznámila, že končí s profesionálnym tenisom. Mnohí ľudia si mysleli, že to bolo preto, lebo už nedokázala držať krok s **mladšími** hráčkami na turné. Pravdou však je, že Martina už jednoducho nemala vášeň pre tenis. Už niekoľko mesiacov neodohrala **súťažný** zápas, a hoci stále rada chodila na kurt odbíjať loptičky, vedela, že je čas ísť ďalej. Čo teda Martina robila po ukončení profesionálnej tenisovej kariéry? V prvom rade si vzala toľko potrebný čas na oddych! Cestovala po Európe so svojimi priateľmi a rodinou a konečne **spoznala** život mimo sveta súťažného športu.

Bolo to pre ňu osviežujúce a skutočne jej to umožnilo oceniť všetko, čo život ponúka mimo získavania **trofejí**. Nakoniec však Martina opäť začala byť nervózna a uvedomila si, že chce v živote niečo **náročnejšie** ako len pohodové cestovanie alebo odbíjanie loptičiek na miestnych kurtoch. Vtedy sa rozhodla začať trénovať mladých nádejných tenistov. Martina vždy rada pracovala s deťmi a veľmi dobre ich učila základy tenisu. **Rýchlo** si však uvedomila, že trénerstvo nebude

Martina Hingis

Martina Hingis a toujours été une **joueuse de** tennis douée. Elle a commencé à jouer à l'âge de quatre ans et, à seize ans, elle avait déjà remporté cinq titres du Grand Chelem en simple. Mais en 2007, à l'âge de trente ans, Martina a annoncé sa retraite du tennis professionnel. Beaucoup de gens pensent que c'est parce qu'elle n'est plus capable de suivre le rythme des **jeunes** joueuses du circuit. Mais la vérité est que Martina n'avait tout simplement plus la passion du tennis. Elle n'avait pas disputé de match de **compétition** depuis des mois et, même si elle aimait toujours aller sur le court pour frapper quelques balles, elle savait qu'il était temps de passer à autre chose. Qu'a donc fait Martina après avoir pris sa retraite du tennis professionnel ? Eh bien, tout d'abord, elle a pris des vacances bien méritées ! Elle a voyagé en Europe avec ses amis et sa famille et a enfin pu **découvrir la** vie en dehors du monde du sport de compétition.

C'était rafraîchissant pour elle et cela lui a vraiment permis d'apprécier tout ce que la vie a à offrir en dehors de gagner des **trophées**. Mais finalement, Martina a commencé à s'impatienter et a réalisé qu'elle voulait quelque chose de plus **stimulant** dans sa vie que de voyager tranquillement ou de taper des balles

také jednoduché, ako si myslela. Tieto deti neustále skúšali jej trpezlivosť a tlačili na jej pílu! Martina však vytrvala, pretože vedela, že ak sa jej podarí pomôcť aspoň jednému z týchto detí rozvinúť ich **potenciál**, všetko to nakoniec bude stáť za to.

A po niekoľkých mesiacoch tvrdej práce sa u jedného z jej **študentov** začali prejavovať skutočné pokroky. Volal sa Tim a mal len dvanásť rokov, ale mal obrovský talent. Martina s Timom úzko spolupracovala, pomáhala mu dolaďovať jeho zručnosti a rozvíjať stratégiu na **kurte**. Zároveň mu vštepovala dôležitosť športového správania a to, ako elegantne zvládať výhru či prehru. Nakoniec, po mesiacoch príprav, Tim nastúpil na svoj prvý juniorský turnaj... a vyhral ho! Pre Martinu aj Tima to bol **neuveriteľný** pocit a spoločne oslavovali ako skutoční šampióni.

sur les courts locaux. C'est alors qu'elle a décidé de commencer à entraîner de jeunes joueurs de tennis en herbe. Martina a toujours aimé travailler avec les enfants, et elle était très douée pour leur enseigner les bases du tennis. Mais elle s'est **vite** rendu compte que l'entraînement ne serait pas aussi facile qu'elle le pensait. Ces enfants mettaient constamment sa patience à l'épreuve et la poussaient à bout ! Mais Martina a persévéré parce qu'elle savait que si elle pouvait aider un seul de ces enfants à atteindre son **potentiel**, tout cela en vaudrait la peine au bout du compte.

Et bien sûr, après quelques mois de travail acharné, l'un de ses **élèves** a commencé à faire de réels progrès. Il s'appelait Tim et n'avait que douze ans, mais il avait tellement de talent brut. Martina a travaillé en étroite collaboration avec Tim, l'aidant à affiner ses compétences et à développer sa stratégie sur le **terrain**. Elle lui a également inculqué l'importance de l'esprit sportif et la manière de gérer la victoire et la défaite avec élégance. Enfin, après des mois de préparation, Tim a participé à son premier tournoi junior... et a gagné ! C'était un sentiment **incroyable** pour Martina et Tim, et ils ont célébré ensemble comme de vrais champions.

Otázky na porozumenie

1. Čo bolo hlavným dôvodom odchodu Martiny Hingisovej z profesionálneho tenisu?

2. Ako sa Martina cítila, keď začínala trénovať?

3. Prečo bol Tim pre Martinu špeciálnym študentom?

4. Ako Martina pomohla Timovi pripraviť sa na turnaje?

5. Ako dopadol Timov prvý juniorský turnaj?

6. Aká je teraz Martinina trénerská kariéra?

7. Koľko grandslamových titulov vo dvojhre získala Martina do svojich šestnástich rokov?

8. Čo robila Martina po skončení profesionálneho tenisu?

9. Aký bol pocit pre Martinu a Tima, keď Tim vyhral svoj prvý juniorský turnaj?

10. Akú vec vštepila Martina Timovi?

Questions de compréhension

1. Quelle a été la principale raison de la retraite de Martina Hingis du tennis professionnel ?

2. Que pensait Martina de l'entraînement lorsqu'elle a commencé ?

3. Pourquoi Tim était-il un élève spécial pour Martina ?

4. Comment Martina a-t-elle aidé Tim à se préparer aux tournois ?

5. Quel a été le résultat du premier tournoi junior de Tim ?

6. À quoi ressemble la carrière d'entraîneur de Martina aujourd'hui ?

7. Combien de titres de Grand Chelem en simple Martina a-t-elle remporté à l'âge de 16 ans ?

8. Qu'a fait Martina après avoir pris sa retraite du tennis professionnel ?

9. Quel a été le sentiment de Martina et de Tim lorsque ce dernier a remporté son premier tournoi junior ?

10. Quelle est la chose que Martina a inculquée à Tim ?

Na pláži

Po východe slnka sú vlny hlasnejšie a piesok nad prílivom je biely. Schádzam na pláž a **obdivujem** more a slnko. Moje prsty na nohách cítia ryhy mušlí. Piesok ma studí na prstoch. Usmejem sa a pokračujem ďalej. Príliv je vysoký, takže si musím dávať pozor, aby ma nevtiahol dnu. Kráčam po brehu a obdivujem more. Východ slnka je **nádherný a** vlny sa rozbíjajú. Cítim sa taká pokojná. Prichádzam na miesto, kde je skalný výbežok. Sadnem si a pozorujem vlny. Voda je taká modrá a obloha taká **oranžová**. Cítim sa ako vo sne. Zavriem oči a len tak počúvam vlny. Dlho som tam sedela, až kým som nepočula, ako niekto volá moje meno.

Otvorím oči a vidím mamu, ako ku mne kráča. V tvári má ustarostený výraz. Usmejem sa a zamávam jej a ona **sa uvoľní**. "Rozmýšľala som, kam si išla," hovorí. "Som rada, že sa ti na pláži páči." Odpovedám: "Áno." "Je tu tak krásne." "Ja viem," povie. "Keď som bola v tvojom veku, chodievala som sem stále." "Naozaj?" Spýtam sa. "Áno," odpovie. "Je to výnimočné miesto." "Stretla si tu niekedy niekoho výnimočného?" Pýtam sa. "Stretla," odpovie s úsmevom. "Tvojho otca." "Naozaj?" Poviem **prekvapene**. "Áno," povie. "Chodievali sme sem spolu stále. Tu sme sa do seba zamilovali. "

A la plage

Après le lever du soleil, les vagues sont plus fortes et le sable au-dessus de la marée est blanc. Je marche jusqu'à la plage, **admirant** la mer et le soleil. Mes orteils sentent les rainures des coquillages. Le sable est froid sur mes orteils. Je souris et je continue. La marée est haute, alors je dois faire attention à ne pas me laisser entraîner. Je marche le long du bord de l'eau, en admirant la mer. Le lever du soleil est **magnifique**, et les vagues s'écrasent. Je me sens si paisible. J'arrive à un endroit où il y a un affleurement rocheux. Je m'assieds et je regarde les vagues. L'eau est si bleue et le ciel est si **orange**. J'ai l'impression d'être dans un rêve. Je ferme les yeux et je me contente d'écouter les vagues. Je suis restée assise pendant un long moment, jusqu'à ce que j'entende quelqu'un m'appeler.

J'ouvre les yeux et je vois ma mère marcher vers moi. Elle a un air inquiet sur le visage. Je souris et je lui fais signe, et elle **se détend**. "Je me demandais où tu étais allée", dit-elle. "Je suis contente que tu profites de la plage." Je réponds : "J'en profite." "C'est tellement beau ici." "Je sais", dit-elle. "Je venais ici tout le temps quand j'avais ton âge." "Vraiment ?" Je demande. "Ouais", répond-elle. "C'est un endroit spécial." "As-tu déjà rencontré quelqu'un de spécial ici ?" Je demande. "Oui",

Usmejem sa a **predstavím si, ako sa** moji rodičia zamilovali na tejto krásnej pláži. "Je to výnimočné miesto," zopakuje. "Som rada, že si sem dnes prišiel."

Ešte chvíľu tam sedíme a **pozorujeme** vlny a západ slnka. Potom vstaneme a vrátime sa k našim plážovým uterákom. Ľahnem si a pozerám na hviezdy. Cítim sa taká šťastná a spokojná. Vlny sú teraz hlasnejšie a piesok je studený. Slnko zapadá a fúka chladný vánok. Vlny sa rozbíjajú o breh a vo vzduchu je cítiť vôňu soli. Je to dokonalý večer na to, aby sme boli na pláži. Prechádzam sa po pobreží, **počúvam** šumenie vĺn a pozorujem západ slnka. Vidím skupinu ľudí, ktorí sedia na piesku, smejú sa a vtipkujú. Vyzerajú, že sa výborne bavia. Pristúpim k nim a spýtam sa, či sa k nim môžem pridať. Súhlasia a zvyšok večera sa rozprávame, smejeme a sledujeme **západ slnka**. Je to dokonalý večer. So skupinou sa rozprávame až do západu slnka. Vymieňame si príbehy a vtipy a všetci sa výborne bavíme. Keď sa začne schyľovať k noci, všetci sa začíname cítiť unavení. Bozkávame sa na **rozlúčku** a rozchádzame sa. Vraciam sa do hotela a cítim sa šťastný a spokojný. Nemôžem uveriť, aké je to tu krásne. Som taká šťastná, že som to mohla **zažiť**.

répond-elle avec un sourire. "Ton père." "Vraiment ?"
Je dis, **surpris**. "Oui," dit-elle. "Nous avions l'habitude
de venir ici tout le temps ensemble. C'est là que nous
sommes tombés amoureux. " Je souris, **imaginant**
mes parents tombant amoureux sur cette magnifique
plage. " C'est un endroit spécial ", répète-t-elle. "Je suis
contente que tu sois venu ici aujourd'hui."

Nous restons assis là un moment de plus, à **regarder**
les vagues et le coucher de soleil. Puis nous nous
levons et retournons à nos serviettes de plage.
Je m'allonge et regarde les étoiles. Je me sens si
heureuse et satisfaite. Les vagues sont plus fortes
maintenant, et le sable est froid. Le soleil se couche et
une brise fraîche souffle. Les vagues s'écrasent sur le
rivage et l'odeur du sel flotte dans l'air. C'est une soirée
parfaite pour être à la plage. Je me promène le long du
rivage, en **écoutant le** bruit des vagues et en regardant
le coucher du soleil. Je vois un groupe de personnes
assises sur le sable, qui rient et plaisantent. Ils ont
l'air de passer un bon moment. Je m'approche d'eux
et leur demande si je peux les rejoindre. Ils acceptent
et nous passons le reste de la soirée à parler, à rire
et à regarder le **coucher de soleil**. C'est une soirée
parfaite. Le groupe et moi parlons jusqu'au coucher du
soleil. Nous partageons des histoires et des blagues,
et nous passons tous un bon moment. À la tombée de
la nuit, nous commençons tous à nous sentir fatigués.
Nous nous embrassons et nous nous séparons.

Otázky na porozumenie

1. Kam ide rozprávač po prebudení?

2. Čo rozprávač obdivuje, keď sa prechádza po pláži?

3. Na čo si musí rozprávač dávať pozor, keď sa prechádza po pláži?

4. Kam si rozprávač sadne, aby si vychutnal výhľad?

5. Ako dlho tam rozprávač sedí?

6. Koho vidí rozprávač, keď opäť otvorí oči?

7. Čo hovorí matka rozprávača?

8. O čom sa rozpráva rozprávač a ľudia, ktorých stretáva?

Questions de compréhension

1. Où va la narratrice après son réveil ?

2. Qu'est-ce que la narratrice admire en marchant le long de la plage ?

3. De quoi la narratrice doit-elle se méfier lorsqu'elle marche le long de la plage ?

4. Où le narrateur s'assoit-il pour profiter de la vue ?

5. Combien de temps le narrateur reste-t-il assis là ?

6. Qui la narratrice voit-elle lorsqu'elle ouvre à nouveau les yeux ?

7. Que dit la mère du narrateur ?

8. De quoi parlent la narratrice et les personnes qu'elle rencontre ?

Kempovanie pri jazere

Kráčam k jazeru a **obdivujem** pokojnú scenériu.
Na malé jazero dopadá slnko, takže voda vyzerá
ako sklenená tabuľa. Jediným pohybom je občasné
zvlnenie, ktoré spôsobí ryba **rozrážajúca** hladinu. Zdá
sa, že aj vtáky si oddýchli od horúčavy, vzduchom sa
rozlieha len šum cikád. **Zrazu** pokoj naruší hlasné
špliechanie. Z vody vyskočila veľká **ryba a** snažila sa
chytiť vážku. Ryba minula svoj cieľ a so špliechaním
spadla späť do vody. "Páni," pomyslím si, "to bola veľká
ryba!" Obzrel som sa okolo seba, či ju nevidel niekto
iný, ale nikto nebol nablízku. Asi im to budem musieť
povedať, keď sa vrátim do tábora.

Horúčava je **ťaživá,** ťažko sa dýcha. Vzduch je hustý
a ťažký ako deka, ktorá vás obklopuje. Jediná úľava je
vo vode. Je chladivá a osviežujúca, ako studený nápoj
v horúcom dni. Zhlboka sa nadýchnem a ponorím sa
do vody. Úľava je okamžitá, keď ma obklopí chladná
voda. Plávam až na dno a potom sa vraciam na hladinu
a cítim, ako mi voda ochladzuje telo. Pokračujem v
plávaní a užívam si oddych od horúčavy. Po chvíli
vyleziem z vody a ľahnem si na trávu, aby mi slnko
osušilo telo. Zavriem oči a zaspím, zvuk **cikád** ma
ukolíše do hlbokého spánku. Nechávam slnko, aby
mi z pokožky vypieklo vodu. Cítim, ako sa mi pokožka

Camping au lac

Je me dirige vers le lac, **admirant** la tranquillité de la scène. Le soleil tape sur le petit lac, faisant ressembler l'eau à une feuille de verre. Le seul mouvement est l'ondulation occasionnelle d'un poisson **brisant la** surface. Même les oiseaux semblent prendre une pause de la chaleur, avec seulement le son des cigales remplissant l'air. **Soudain**, la paix est rompue par un grand plouf. Un gros **poisson** a sauté hors de l'eau, essayant d'attraper une libellule. Le poisson rate sa cible et retombe dans l'eau avec un plouf. "Wow," je me dis, "c'était un gros poisson !". J'ai regardé autour de moi pour voir si quelqu'un d'autre l'avait vu, mais il n'y avait personne. Je suppose que je devrai leur dire quand je rentrerai au camp.

La chaleur est **oppressante**, il est difficile de respirer. L'air est épais et lourd, comme une couverture qui vous enveloppe. Le seul soulagement est dans l'eau. Elle est fraîche et rafraîchissante, comme une boisson fraîche par une journée chaude. Je prends une profonde inspiration et je plonge dans l'eau. Le soulagement est immédiat car l'eau fraîche m'entoure. Je nage jusqu'au fond, puis remonte à la surface, sentant l'eau refroidir mon corps. Je continue à **faire** des longueurs, appréciant le répit de la chaleur. Après un moment,

červená, ale je mi to jedno. Je mi príliš horúco na to, aby mi na tom záležalo. vzápätí si uvedomím, že slnko zapadá. Obloha je nádherne oranžová s pruhmi ružovej a fialovej. Horúčava je preč, nahradil ju chladný **vánok**.

Vstávam a obliekam sa, cítim sa svieža a omladená. Zhlboka **sa nadýchnem** chladného vzduchu a usmejem sa. Je to dobrý pocit byť nažive. Vraciam sa späť do kempu a obdivujem, ako na oblohe tancujú farby. V diaľke vidím horieť táborák a vo vzduchu cítim dym. Usmejem sa a **zrýchlim** krok. Som pripravená oddýchnuť si a užiť si zvyšok večera. Vchádzam do táboriska a vidím, že všetci sú zhromaždení okolo ohňa. **Smejú sa** a vtipkujú a ja vidím, ako sa im oheň odráža v očiach. Usmejem sa a sadnem si vedľa svojich priateľov. Je dobré byť späť. Nasledujúce ráno vstávam skoro a začínam si baliť veci. Už sa neviem dočkať, kedy sa vrátim na cestu a budem pokračovať v putovaní. Rozlúčim sa s priateľmi a začnem odchádzať. Počas chôdze sa naposledy pozriem na **kemp**. V diaľke vidím stále horiaci oheň a vo vzduchu cítim dym. Usmejem sa a zrýchlim krok. Som pripravený pokračovať v **ceste**.

je sors de l'eau et je m'allonge sur l'herbe, laissant le soleil sécher mon corps. Je ferme les yeux et m'endors, le son des **cigales** me berce dans un profond sommeil. Je laisse le soleil faire sortir l'eau de ma peau. Je sens que ma peau devient rouge, mais je m'en moque. J'ai trop chaud pour m'en soucier. La prochaine chose que je sais, c'est que le soleil se couche. Le ciel est d'un bel orange, avec des traces de rose et de violet. La chaleur a disparu, remplacée par une **brise** fraîche.

Je me lève et me rhabille, me sentant rafraîchie et rajeunie. Je **respire** profondément l'air frais et je souris. C'est bon d'être en vie. Je retourne au camping, en admirant la façon dont les couleurs dansent dans le ciel. Je peux voir le feu de camp qui brûle au loin et je peux sentir la fumée dans l'air. Je souris et j'**accélère le** pas. Je suis prête à me détendre et à profiter du reste de ma soirée. J'entre dans le camping et je vois que tout le monde est rassemblé autour du feu. Ils **rient** et plaisantent, et je peux voir le feu se refléter dans leurs yeux. Je souris et m'assieds à côté de mes amis. C'est bon d'être de retour. Le lendemain matin, je me réveille tôt et je commence à préparer mes affaires. J'ai hâte de retourner sur le sentier et de poursuivre mon voyage. Je dis au revoir à mes amis et commence à m'éloigner. En marchant, je jette un dernier regard sur le **camping**. Je peux voir le feu qui brûle toujours au loin et je peux sentir la fumée dans l'air. Je souris et j'accélère le pas. Je suis prêt à poursuivre mon **voyage**.

Otázky na porozumenie

1. Kam ide chodec?

2. Aké je počasie?

3. Ako vyzerá voda?

4. Ako chodec reaguje na teplo?

5. Čo robí ryba?

6. Prečo je chodec sám?

7. Aký je pocit z vody?

8. Ako sa chodec cíti po plávaní?

9. V ktorú dennú hodinu sa chodec zobudí?

10. Kam ide chodec, keď opustí tábor?

Questions de compréhension

1. Où va le marcheur ?

2. Quel temps fait-il ?

3. À quoi ressemble l'eau ?

4. Comment le marcheur réagit-il à la chaleur ?

5. Que fait le poisson ?

6. Pourquoi le marcheur est-il seul ?

7. Quelle est la sensation de l'eau ?

8. Comment le marcheur se sent-il après avoir nagé ?

9. A quelle heure de la journée le déambulateur se réveille-t-il ?

10. Où va le marcheur quand il quitte le camp ?

Dom

Minulý týždeň som sa presťahovala do svojho nového domu a veľmi **sa teším**! Je oveľa väčší ako môj starý a má veľký dvor. Nemôžem sa dočkať, až k nám budú chodiť priatelia na grilovačky a večierky. Mojou **najobľúbenejšou** časťou je moja nová spálňa. Je taká veľká a svetlá a mám v nej veľa miesta na všetky svoje veci. Som naozaj spokojná so svojím novým domom a myslím, že tu budem veľmi šťastná. Rozhodla som sa, že dom ešte trochu preskúmam. Vyšiel som na druhé poschodie a začal som sa uberať do kuchyne, keď som na stene uvidel veľkého čierneho pavúka! Vykríkla som a utekala dolu. Bola som taká **vystrašená**! Ale po niekoľkých minútach som sa upokojil a rozhodol som sa vrátiť na poschodie. Pomaly som sa dostala do kuchyne a videla som, že pavúk je preč. Tak veľmi sa mi uľavilo! Vrátil som sa dolu a rozhodol som sa ísť von preskúmať **dvor**. Bol taký veľký! Nemohla som tomu uveriť. V rohu som uvidela hojdačku a šmýkačku. Videla som aj basketbalovú sieť a **trampolínu**. Bol som taký nadšený!

Nemôžem sa dočkať, až budem môcť používať všetky tieto nové veci. **Susedia** prišli a predstavili sa. Vyzerali veľmi milo a chvíľu sme sa rozprávali. Pozvali ma na budúci víkend na grilovačku a ja som povedal, že rád prídem. Prvý týždeň v novom dome bol skvelý a teším sa na všetky nové dobrodružstvá, ktoré ma čakajú. Dnes sa opäť chystám preskúmať dvor a zistiť, čo

La Maison

J'ai emménagé dans ma nouvelle maison la semaine dernière, et je suis si **excitée** ! Elle est tellement plus grande que l'ancienne, et elle a un grand jardin. J'ai hâte d'inviter des amis pour des barbecues et des fêtes. Ce que je **préfère,** c'est ma nouvelle chambre. Elle est si grande et lumineuse, et j'ai beaucoup d'espace pour mettre toutes mes affaires. Je suis très contente de ma nouvelle maison et je pense que je serai très heureuse ici. J'ai décidé d'explorer un peu plus la maison. Je suis monté au deuxième étage et j'ai commencé à me diriger vers la cuisine quand j'ai vu une grosse araignée noire sur le mur ! J'ai crié et j'ai couru en bas. J'avais tellement **peur** ! Mais après quelques minutes, je me suis calmée et j'ai décidé de retourner à l'étage. J'ai lentement fait mon chemin vers la cuisine et j'ai vu que l'araignée était partie. J'étais tellement soulagée ! Je suis redescendu et j'ai décidé de sortir pour explorer le **jardin**. Elle était si grosse ! Je n'arrivais pas à y croire. J'ai vu une balançoire dans le coin et un toboggan. J'ai aussi vu un filet de basket et un **trampoline**. J'étais tellement excitée!

J'ai hâte d'utiliser tous ces nouveaux trucs. Les **voisins** sont venus et se sont présentés. Ils avaient l'air très gentils, et nous avons parlé un moment. Ils m'ont invité à leur barbecue le week-end prochain, et j'ai dit que j'aimerais beaucoup venir. J'ai passé une excellente

ešte nájdem. Kto vie, možno nájdem aj nejaký **poklad**. Už sa neviem dočkať, čo prinesie nasledujúci týždeň! Nasledujúci týždeň som sa opäť vydal na prieskum na dvor a našiel som **tajnú** záhradu. Bola taká krásna! Všade boli kvety a malé jazierko s rybami. Videla som aj hojdačku, ktorú som predtým nevidela. Bola som taká nadšená, že som našla túto tajnú záhradu, a už sa neviem dočkať, kedy ju budem môcť preskúmať viac. Bola taká **krásna**!

Všade boli kvety a malé jazierko s rybami. Videl som aj hojdačku, ktorú som predtým nevidel. Bola som taká nadšená, že som našla túto tajnú záhradu, a už sa neviem dočkať, kedy ju budem môcť preskúmať viac. Páčila sa mi aj moja nová izba. Bola taká veľká a svetlá a na stenách už boli plagáty mojich obľúbených skupín. Dokonca som si ani nemusela priniesť žiadny vlastný **nábytok,** pretože tu už bola posteľ, komoda a stôl. Toto bude ten najlepší rok! Bola som trochu nervózna z toho, že začínam v novej **škole,** ale všetci moji noví susedia boli veľmi priateľskí. Dokonca som sa zoznámila s dievčaťom, ktoré býva vedľa, a hovorí, že so mnou pôjde v prvý deň do školy pešo.

première semaine dans ma nouvelle maison et j'ai hâte de vivre toutes les nouvelles aventures qui m'attendent. Aujourd'hui, je vais encore aller explorer le jardin et voir ce que je peux trouver d'autre. Qui sait, peut-être vais-je même trouver un **trésor**. J'ai hâte de voir ce que la semaine prochaine nous réserve ! La semaine suivante, je suis retourné explorer le jardin et j'ai trouvé un jardin **secret**. C'était tellement beau ! Il y avait des fleurs partout et un petit étang avec des poissons dedans. J'ai aussi vu une balançoire que je n'avais jamais vue auparavant. J'étais si excitée de trouver ce jardin secret, et j'ai hâte de l'explorer davantage. C'était tellement **beau** !

Il y avait des fleurs partout et un petit étang avec des poissons dedans. J'ai aussi vu une **balançoire** que je n'avais jamais vue auparavant. J'étais si excitée de trouver ce jardin secret, et j'ai hâte de l'explorer davantage. J'ai aussi adoré ma nouvelle chambre. Elle était si grande et lumineuse, et il y avait déjà des posters de mes groupes préférés sur les murs. Je n'ai même pas eu besoin d'apporter mes propres **meubles** car il y avait déjà un lit, une commode et un bureau. Ça va être la meilleure année de ma vie ! J'étais un peu nerveux à l'idée de commencer dans une nouvelle **école**, mais tous mes nouveaux voisins ont été si gentils. J'ai même rencontré une fille qui habite à côté et elle m'a dit qu'elle m'accompagnerait à l'école le premier jour.

Otázky na porozumenie

1. Kde daná osoba žije?

2. Ako sa mu páči v novom dome?

3. Aká je obľúbená časť nového domu?

4. Čo našiel človek v záhrade?

5. Kto sú susedia?

6. Aké boli prvé dni v novom dome?

7. Aká je obľúbená časť novej izby?

8. Čo plánuje táto osoba robiť zajtra?

9. Čo bolo najlepšie na prvom týždni v novom dome?

10. Čo všetko sa nachádza v novej izbe tejto osoby?

Questions de compréhension

1. Où vit la personne ?

2. Comment la personne se sent-elle dans sa nouvelle maison ?

3. Quelle est la partie de la nouvelle maison que la personne préfère ?

4. Qu'est-ce que la personne a trouvé dans le jardin ?

5. Qui sont les voisins ?

6. Comment se sont passés les premiers jours de la personne dans sa nouvelle maison ?

7. Quelle est la partie de la nouvelle pièce que la personne préfère ?

8. Qu'est-ce que la personne prévoit de faire demain ?

9. Quelle a été la meilleure partie de la première semaine de la personne dans sa nouvelle maison ?

10. Qu'y a-t-il dans la nouvelle chambre de la personne ?

Vo vlaku

Bežala som na vlakovú stanicu, ale prišla som neskoro. Vlak už odišiel bezo mňa. Cítila som sa taká **nahnevaná** a **sklamaná** sama zo seba. Plánovala som ísť vlakom na návštevu starých rodičov, ktorí žijú na vidieku, ale teraz som musela čakať celú hodinu na ďalší vlak. Namiesto toho som sa rozhodla, že sa budem chvíľu prechádzať po meste, a snažila som sa zabudnúť na svoju premárnenú príležitosť. Počas prechádzky som začal **snívať o** všetkých miestach, kam vás **vlak** môže zaviesť. Zrazu som už nebol taký rozrušený. Vrátil som sa na stanicu a nemohol som si nevšimnúť veľkú červeno-bielo-modrú lokomotívu, ktorá si razí cestu ku mne. Až keď vidím **sprievodcu, ako na** mňa máva z okna, uvedomím si, že tento vlak je určený pre mňa. Nastúpim do vlaku, nájdem si miesto a usadím sa na miesto, ktoré sľubuje dlhú cestu.

Keď vychádzame zo stanice, nemôžem si pomôcť a premýšľam, kam ma tento vlak zavezie. Cez zelené **polia** a cez modré rieky, okolo hôr a údolí, nevedno, kam tento starý vlak pôjde. Keď sa začne stmievať, upadám do **pokojného** spánku, ukolísaný **rytmickým** pohybom vagónov na koľajniciach pod nami. Keď opäť nastane ráno, otvorím oči a zistím, že sme dorazili do malého mestečka kdesi uprostred ničoho. Slnko práve vykukuje nad obzor, keď sa miestni obyvatelia začínajú

Dans le train

J'ai couru jusqu'à la gare, mais c'était trop tard. Le train était déjà parti sans moi. Je me suis sentie tellement **en colère** et **déçue** de moi-même. J'avais prévu de prendre le train pour rendre visite à mes grands-parents qui vivent à la campagne, mais maintenant je devais attendre le prochain train pendant une heure entière. J'ai décidé de me promener un peu dans la ville à la place et j'ai essayé d'oublier cette occasion manquée. En marchant, j'ai commencé à **rêver à** tous les endroits où le **train** peut vous emmener. Soudain, je n'étais plus aussi contrariée. Je suis retourné dans la gare et je n'ai pu m'empêcher de remarquer la grande locomotive rouge, blanche et bleue qui se dirigeait vers moi. Ce n'est que lorsque je vois le **conducteur** me faire signe par la fenêtre que je réalise que ce train est pour moi. Je monte dans le train et trouve mon siège, m'installant pour ce qui promet d'être un long voyage.

Alors que nous sortons de la gare, je ne peux m'empêcher de me demander où ce train va m'emmener. À travers des **champs** verts et des rivières bleues, en passant par des montagnes et des vallées, on ne sait pas où ce vieux train va aller. À la tombée de la nuit, je m'endors **paisiblement**, bercé par le mouvement **rythmique** des wagons sur les rails en contrebas. Quand le matin revient, j'ouvre les yeux

motať po hlavnej ulici; vyzerá to tu ako každý iný deň, až na jednu vec - pri radnici je vyvesená veľká tabuľa s nápisom "Vitajte na palube!" Zdá sa, že toto mestečko nás už dlho očakáva, hoci sme len obyčajný **osobný** vlak, ktorý tadiaľto prechádza na svojej ceste. Keď opäť nechávame mesto za sebou a rútime sa ktovie kam, usmievam sa na všetky tie priateľské tváre, ktoré nám mávajú na rozlúčku z tých malých domčekov učupených medzi **poľnohospodárskymi pozemkami** - je naozaj úžasné, ako niečo také zdanlivo obyčajné môže priniesť toľko radosti už len tým, že tadiaľ prechádzame. A potom sú tu, samozrejme, **deti**.

Vykloním sa z okna svojej lokomotívy. Vždy ma potešia svojimi žiariacimi očami a veľkými úsmevmi. Energicky som im zamávala späť, kým som sa vrátila do svojej **kabíny** a posadila sa. Bol to už dlhý deň, ale ešte sa neskončil; do **cieľa** našej cesty zostáva ešte niekoľko hodín. Vytiahnem si knihu a začnem čítať, nechám sa rytmickým hojdaním vlaku ukolísať do pokojného stavu.

pour constater que nous sommes arrivés dans une petite ville quelque part au milieu de nulle part. Le soleil pointe à peine à l'horizon et les habitants commencent à s'agiter dans la rue principale ; c'est un jour comme les autres ici, à l'exception d'une chose : il y a un grand panneau près de l'hôtel de ville qui dit "Bienvenue à bord". Il semble que cette petite ville nous attendait, même si nous ne sommes qu'un train de **voyageurs** ordinaire qui passe par là pour aller ailleurs. Alors que nous laissons la ville derrière nous une fois de plus, en direction d'on ne sait où, je souris à tous les visages amicaux qui nous saluent depuis ces petites maisons nichées au milieu des **terres agricoles - c**'est vraiment étonnant de voir comment quelque chose d'apparemment si ordinaire peut apporter tant de joie simplement en passant par là. Et puis, bien sûr, il y a les **enfants**.

Je me penche par la fenêtre de ma locomotive. Ils me rendent toujours si heureux avec leurs yeux brillants et leurs grands sourires. Je leur fais un signe de la main énergique avant de retourner dans ma **cabine** et de m'asseoir. La journée a déjà été longue, mais elle n'est pas encore terminée ; il reste encore quelques heures avant d'atteindre notre **destination** finale. Je sors mon livre et commence à lire, laissant le balancement rythmique du train me bercer dans un état paisible.

Otázky na porozumenie

1. Kam ide vlak?

2. Kto cestuje vlakom?

3. Kedy odchádza vlak?

4. Ako sa hlavný hrdina dostane do vlaku?

5. Odkiaľ prichádza vlak?

6. Kam pôjde vlak ďalej?

7. Kedy dorazili cestujúci?

8. Ako sa cíti hlavný hrdina, keď mu ujde vlak?

9. Ako reaguje rušňovodič, keď uvidí hlavného hrdinu?

10. Prečo má hlavný hrdina rád vlaky?

Questions de compréhension

1. Où va le train ?

2. Qui voyage dans le train ?

3. Quand le train part-il ?

4. Comment le protagoniste monte-t-il dans le train ?

5. D'où vient le train ?

6. Où le train va-t-il ensuite ?

7. Quand les passagers sont-ils arrivés ?

8. Que ressent le protagoniste lorsqu'il rate le train ?

9. Comment le conducteur du train réagit-il lorsqu'il voit le protagoniste ?

10. Pourquoi le protagoniste aime-t-il les trains ?

Varenie večere

Je päť hodín popoludní a ja idem domov z práce. **Teším sa na** pokojný večer doma s partnerom. Spoločne si uvaríme večeru a potom budeme po zvyšok večera len relaxovať. Je príjemné vedieť, že dnes **večer** nemám žiadne plány ani povinnosti. Prídem domov a môj partner je už v kuchyni a začína pripravovať našu večeru. **Úžasne** to tu vonia! Počas varenia sa rozprávame, dohovárame si o svojich dňoch a zdieľame malé príbehy z nášho pracovného života. Kuchyňa je moja najobľúbenejšia miestnosť v našom byte. Milujem varenie a obzvlášť rada varím so svojím partnerom. Vždy sa tu dobre bavíme, smejeme sa a vtipkujeme, kým varíme. Navyše, keď pracujeme **spolu,** jedlo je vždy **neuveriteľné**.

Dnes večer pripravujeme jeden z mojich najobľúbenejších receptov: **kuracie** mäso s parmezánom. Môj partner začne s obaľovaním kurčaťa, zatiaľ čo ja dám variť omáčku na **sporáku**. Pracujeme spolu ako dobre namazaný stroj a o chvíľu je večera pripravená na podávanie. Sadneme si k nášmu malému kuchynskému stolu s **taniermi** plnými kuracieho parmezánu, cestovín a šalátu. Cinkneme pohármi a zoberieme si prvé sústo - a je to **božské!** Kura je zvonka chrumkavé, ale vnútri šťavnaté, omáčka

Cuisiner le dîner

Il est 17 heures et je rentre à pied du travail. J'ai **hâte** de passer une soirée tranquille à la maison avec mon partenaire. Nous allons préparer le dîner ensemble et nous détendre pour le reste de la nuit. C'est agréable de savoir que je n'ai aucun projet ni aucune obligation ce **soir**. J'arrive à la maison et mon partenaire est déjà dans la cuisine, en train de préparer notre dîner. Ça sent **très bon** ici ! Nous bavardons tout en cuisinant, prenant des nouvelles de nos journées respectives et partageant des petites histoires de nos vies professionnelles. La cuisine est ma pièce préférée dans notre appartement. J'adore cuisiner, et j'aime particulièrement cuisiner avec mon partenaire. Nous passons toujours un bon moment ici, à rire et à plaisanter pendant que nous cuisinons. De plus, la nourriture est toujours **incroyable** lorsque nous travaillons **ensemble**.

Ce soir, nous faisons l'une de mes recettes préférées : le **poulet au** parmesan. Mon partenaire commence par paner le poulet pendant que je fais mijoter la sauce sur la **cuisinière**. Nous travaillons ensemble comme une machine bien huilée, et en peu de temps, le dîner est prêt à être servi. Nous nous asseyons à notre petite table de cuisine avec des **assiettes** remplies de poulet

je aromatická a dokonalá, cestoviny sú uvarené al dente... dnes večer chutí všetko úplne dokonale. Obaja vieme, že toto bol jeden z tých večerov, keď sa všetko dokonale zladilo a my **si vychutnávame** každé sústo nášho lahodného jedla. Chutilo to ešte lepšie, ako to voňalo - čo bolo sakra dobré! Jedlo dojeme pomerne rýchlo, pretože ani jeden z nás dnes nie je obzvlášť hladný, ale neponáhľame sa a vychutnávame si ešte niekoľko **pohárov** vína, pričom sa zľahka rozprávame na tú a tú tému. Po večeri spoločne rýchlo upratujeme a potom sa presunieme do obývačky, kde strávime nejaký čas **objatím** na gauči pri sledovaní televízie.

Je to taký príjemný pocit byť si nablízku po dlhom dni strávenom v **práci**. Cítim sa spokojná. Aj keď sme nemali rušný večer, bolo príjemné stráviť spolu nejaký čas bez toho, aby sme museli opustiť dom. Pozreli sme si film a išli sme skoro spať s pocitom **spokojnosti s** našou jednoduchou nocou. Toto sa stalo jednou z našich **najobľúbenejších** činností počas večerov, keď sa nám nechce ísť von - jednoducho si oddýchnuť doma a užívať si vzájomnú spoločnosť pri domácom jedle.

au parmesan, de pâtes et de salade. Nous faisons tinter les verres et prenons notre première bouchée - et c'est **divin** ! Le poulet est croustillant à l'extérieur mais juteux à l'intérieur ; la sauce est savoureuse et parfaite ; les pâtes sont cuites al dente... tout a un goût absolument parfait ce soir. Nous savons tous les deux que c'était l'une de ces nuits où tout s'est parfaitement réuni alors que nous **savourons** chaque bouchée de notre délicieux repas. Le goût était encore meilleur que l'odeur, qui était sacrément bonne ! Nous terminons notre repas assez rapidement car aucun de nous n'a particulièrement faim aujourd'hui, mais nous prenons notre temps en dégustant quelques **verres** de vin supplémentaires tout en discutant légèrement de tel ou tel sujet. Après le dîner, nous nettoyons rapidement ensemble et passons au salon, où nous passons un moment à **nous câliner** sur le canapé en regardant la télévision.

C'est tellement agréable d'être près l'un de l'autre après une longue journée de **travail** séparé. Je me sens satisfaite. Même si la soirée n'a pas été très animée, c'était agréable de passer du temps ensemble sans avoir à quitter la maison. Nous avons regardé un film et nous nous sommes couchés tôt, **satisfaits** de notre simple soirée. C'est devenu l'une de nos activités **préférées** les soirs où nous n'avons pas envie de sortir - se détendre à la maison et profiter de la compagnie de l'autre autour d'un repas fait maison.

Otázky na porozumenie

1. Odkiaľ pochádza rozprávač?

2. Čo robí rozprávač po práci?

3. Čo rozprávač jedáva na večeru?

4. Prečo má rozprávač rád kuchyňu?

5. Aký druh jedla dvojica varí?

6. Ako sa rozprávač cíti na konci večera?

7. Čo robí pár najradšej?

8. Čo robia manželia, keď sú unavení?

9. Kde spia?

10. Prečo rozprávač rád zostáva doma?

Questions de compréhension

1. D'où vient le narrateur ?

2. Que fait le narrateur après le travail ?

3. Que mange le narrateur pour le dîner ?

4. Pourquoi le narrateur aime-t-il la cuisine ?

5. Quel genre de plat le couple cuisine-t-il ?

6. Que ressent le narrateur à la fin de la soirée ?

7. Quelle est l'activité préférée du couple ?

8. Que fait le couple quand il est fatigué ?

9. Où dorment-ils ?

10. Pourquoi le narrateur aime-t-il rester à la maison ?

Chôdza domov

Keď som išiel z práce domov, bola **pokojná** noc. Ako som kráčal, nemohol som si pomôcť a usmieval som sa pri spomienkach. Bol to dobrý pocit byť späť v mojej starej štvrti. Zamával som niekoľkým známym a oni mi zamávali späť. Bolo dobré byť doma. Prechádzal som okolo svojej starej školy a **spomínal som na** všetky tie pekné chvíle, ktoré som prežil so svojimi priateľmi. Vždy sme sa spolu vracali domov a rozprávali sa o svojom dni. **Niekedy** sme sa zastavili na zmrzlinu alebo sme išli do parku. To boli tie najlepšie časy. Tie časy mi chýbajú. Ale teraz mám svoju vlastnú rodinu a som so svojím životom spokojná. Som rada, že sa môžem pozrieť späť na tie spomienky a usmievať sa. Sú súčasťou môjho života, ktorú si budem vždy vážiť. Boli to tie najlepšie časy. Tie časy mi chýbajú. Ale teraz mám svoju vlastnú rodinu a som spokojný so svojím životom. Som rád, že sa môžem na tie **spomienky** pozrieť a usmievať sa. Sú súčasťou môjho života, ktorú si budem vždy vážiť.

Kráčam ďalej a myslím na pekné chvíle, ktoré som prežil s priateľmi. Viem, že ich čoskoro opäť uvidím. Smerujem k svojmu domovu a rozhodnem sa prejsť cez neďaleký park. Slnko zapadá a obloha sa sfarbuje do **krásnej** oranžovej farby. Park je prázdny, až na niekoľko vtákov štebotajúcich na stromoch. Zhlboka **sa**

Walking Home

C'était une nuit **paisible** alors que je rentrais du travail. En marchant, je ne pouvais m'empêcher de sourire aux souvenirs. C'était bon d'être de retour dans mon ancien quartier. J'ai salué quelques personnes que je connaissais, et elles m'ont salué en retour. C'était bon d'être chez soi. Je suis passé devant mon ancienne école et je **me suis souvenu de** tous les bons moments que j'ai passés avec mes amis. On rentrait toujours ensemble à la maison et on parlait de notre journée. **Parfois,** on s'arrêtait pour acheter une glace ou aller au parc. C'était les meilleurs moments. Ces moments me manquent. Mais maintenant, j'ai ma propre famille et je suis heureuse de ma vie. Je suis heureux de pouvoir repenser à ces souvenirs et de sourire. Ils font partie de ma vie et je les chérirai toujours. C'était les meilleurs moments. Ils me manquent. Mais maintenant, j'ai ma propre famille et je suis heureux de ma vie. Je suis heureux de pouvoir repenser à ces **souvenirs** et de sourire. Ils font partie de ma vie et je les chérirai toujours.

Je continue à marcher, en pensant aux bons moments que j'ai passés avec mes amis. Je sais que je les reverrai bientôt. Je me dirige vers ma maison et décide de me promener dans un parc à proximité. Le soleil se

nadýchnem a usmejem sa. Ako prechádzam parkom, vidím, ako sa po oblohe tiahne padajúca hviezda. Vyslovím želanie na tú hviezdu a pokračujem v chôdzi. Premýšľam o svojom dni v práci a o tom, aký bol **pokojný.** Usmievam sa sama na seba a myslím na to, aké mám šťastie, že mám takú skvelú prácu. Kráčam domov a na pokožke **cítim** chladný nočný vzduch. Cítim sa taká živá a šťastná, len si užívam jednoduchý akt chôdze domov počas pokojnej noci.

Cítil som sa tak dobre, že som **si** začal **pískať**. Prešiel som okolo niekoľkých ľudí na ulici, ale všetci si hľadeli svojho.

Zahol som za roh svojej ulice a uvidel som susedovho kocúra, pána Whiskersa, sedieť na verande. Pozdravil som ho a on mi mňaučal naspäť. **Odomkol** som dvere a vošiel dovnútra. Bol som taký šťastný, že som doma. Zul som si topánky a pripravil som sa do postele. V ten večer som išla spať s pocitom šťastia a vďačnosti, so srdcom plným lásky. Celú noc som pokojne spala a nič ma netrápilo. Prebudila som sa z pokojného spánku a **privítalo ma** slnko, ktoré svietilo cez okno. Vstala som z postele, pretiahla sa, zhlboka sa nadýchla a cítila, ako mi pľúca napĺňa chladný vzduch.

couche et le ciel prend une **belle** couleur orange. Le parc est vide, à l'exception de quelques oiseaux qui gazouillent dans les arbres. Je prends une profonde **inspiration** et je souris. Alors que je marche dans le parc, je vois une étoile filante traverser le ciel. J'ai fait un vœu sur cette étoile et j'ai continué à marcher. Je pense à ma journée de travail et au **calme qui** y régnait. Je souris à moi-même, en pensant à la chance que j'ai d'avoir un si bon travail. Je rentre chez moi, en **sentant l'**air frais de la nuit sur ma peau. Je me sens si vivante et heureuse, profitant du simple fait de rentrer chez moi par une nuit paisible. Je me sentais si bien que j'ai commencé à **siffler**. Je suis passé devant quelques personnes dans la rue, mais elles s'occupaient toutes de leurs affaires.

J'ai tourné le coin de ma rue et j'ai vu le chat de mon voisin, M. Whiskers, assis sur mon porche. Je lui ai dit bonjour et il miaulait en retour. J'ai **déverrouillé** ma porte et je suis entrée. J'étais si heureuse d'être chez moi. J'ai enlevé mes chaussures et me suis préparée pour aller me coucher. Je me suis couchée ce soir-là, heureuse et reconnaissante, le cœur plein d'amour. J'ai dormi profondément toute la nuit, sans me soucier de rien. Je me suis réveillée d'un sommeil réparateur et j'ai été **accueillie** par le soleil qui brillait à travers ma fenêtre. Je suis sorti du lit et me suis étiré, prenant une profonde inspiration et sentant l'air frais remplir mes poumons.

Otázky na porozumenie

1. Čo robil hlavný hrdina, keď sa príbeh začal?

2. Na čo myslel hlavný hrdina, keď kráčal domov?

3. Čo robil hlavný hrdina s priateľmi po škole?

4. Čo hlavnému hrdinovi chýba v tých časoch?

5. Čo si myslí hlavný hrdina o svojom súčasnom živote?

6. Čo urobí hlavný hrdina, keď uvidí padajúcu hviezdu?

7. Ako sa cíti hlavný hrdina, keď kráča domov?

8. Čo urobí hlavný hrdina, keď sa vráti domov?

9. Ako sa cíti hlavný hrdina, keď sa na druhý deň ráno zobudí?

10. Čo robí hlavný hrdina na druhý deň?

Questions de compréhension

1. Que faisait le protagoniste au début de l'histoire ?

2. À quoi le protagoniste a-t-il pensé en rentrant chez lui ?

3. Qu'est-ce que le protagoniste avait l'habitude de faire avec ses amis après l'école ?

4. Qu'est-ce que le protagoniste regrette de cette époque ?

5. Que pense le protagoniste de sa vie actuelle ?

6. Que fait le protagoniste lorsqu'il voit une étoile filante ?

7. Que ressent le protagoniste lorsqu'il rentre à pied chez lui ?

8. Que fait le protagoniste lorsqu'il rentre chez lui ?

9. Que ressent le protagoniste lorsqu'il se réveille le lendemain matin ?

10. Que fait le protagoniste le lendemain ?

Hrad

Rodina vždy túžila navštíviť starý zámok v **Nemecku** a nakoniec sa vybrala na cestu. Neboli **sklamaní**. Zámok bol nádherný a tešili sa z prehliadky jeho mnohých miestností a chodieb. Prvé, čo ich zarazilo, bola vôňa. Našli v ňom **pleseň**, vlhkosť a ešte niečo, čo nevedeli presne pomenovať. Druhou vecou bol zvuk. Kamenné múry sú síce hrubé, ale zvuk úplne neutlmia. Počuli každý krok, každé slovo vyslovené normálnym hlasom a občasné kvapkanie vody **kdesi v** diaľke. Keď sa ich oči prispôsobili slabému svetlu, uvideli okolo seba mohutné kamenné steny, z ktorých viseli gobelíny v **roztrhaných** kusoch. Stáli v obrovskej sále s vysokým stropom podopretým vyrezávanými stĺpmi. Páčil sa im aj výhľad z vežičiek a deti sa výborne zabávali pri pobehovaní po areáli. Kým skončili s prieskumom hradu, začalo zapadať **slnko a** oľutovali, že si so sebou nevzali **baterku**. Rozhodli sa, že sa vrátia ku vchodu, ale čoskoro zistili, že sa stratili. Blúdili tu akoby celé hodiny, až napokon narazili na dvere, ktoré viedli von. Pokračovali ďalej, až kým nedošli **na** koniec chodby a neprišli k impozantným dvojitým dverám. Nech sa snažili akokoľvek, dvere sa nedali pohnúť. **Zlovestne** hrkotali, ale nepohli sa ani o milimeter. Vyzeralo to, že ten, kto tu bol predtým, musel prejsť tadiaľto a zamknúť ich zvnútra. Nakoniec našli cestu von. Keď vyšli na

Le château

La famille avait toujours voulu visiter un vieux château en **Allemagne**, et elle a finalement fait le voyage. Ils n'ont pas été **déçus**. Le château était magnifique, et ils ont pris plaisir à explorer ses nombreuses pièces et couloirs. La première chose qui les frappe est l'odeur. Ils ont trouvé de la **moisissure**, de l'humidité et quelque chose d'autre qu'ils n'ont pas réussi à identifier. La deuxième chose a été le son. Les murs de pierre sont épais, mais ils n'étouffent pas complètement le son. Ils ont entendu chaque pas, chaque mot prononcé d'une voix normale, et le goutte-à-goutte occasionnel de l'eau **quelque part** au loin. Lorsque leurs yeux se sont adaptés à la faible lumière, ils ont vu des murs de pierre massifs se dresser tout autour d'eux, des tapisseries en **lambeaux y étant** suspendues. Ils se tenaient dans un immense hall avec un haut plafond soutenu par des piliers sculptés. Ils ont également aimé les vues depuis les tourelles, et les enfants ont eu beaucoup de plaisir à courir dans le parc. Le **soleil** avait commencé à se coucher lorsqu'ils ont fini d'explorer le château, et ils ont regretté de ne pas avoir apporté de **lampe de poche**. Ils ont décidé de retourner à l'entrée, mais ils se sont vite perdus. Ils errent pendant des heures, jusqu'à ce qu'ils trouvent enfin une porte qui mène à l'extérieur. Ils ont continué jusqu'à ce qu'ils **atteignent le** bout du

chladný nočný vzduch, zaplavila ich úľava.

Slnko začalo zapadať a oni **ľutovali,** že si nevzali baterku. Rozhodli sa vrátiť ku vchodu, ale čoskoro zistili, že sa stratili. Blúdili akoby celé hodiny, až napokon narazili na dvere, ktoré viedli **von**. Keď vyšli na chladný nočný vzduch, zaplavila ich úľava. Nasledujúci večer si na prieskum zvyšku hradu vzali so sebou baterku. Prešli cez **nádvorie až** k rieke, ktorá tiekla za hradbami. Ako sa prechádzali, začali počuť zvláštne zvuky. Znie to, akoby ich niekto sledoval. Zrýchlili krok, ale zvuky boli čoraz hlasnejšie a bližšie. Rodina sa rozbehla späť do hradu, ako najrýchlejšie vedela, a s úľavou zistila, že postava v **tmavom** plášti ich nesledovala.

couloir et arrivent à une imposante série de doubles portes. Ils ont beau essayer, les portes ne bougent pas. Elles cliquettent **sinistrement** mais ne bougent pas d'un pouce. On dirait que celui qui était ici avant a dû passer par là et les verrouiller de l'intérieur. Finalement, ils ont trouvé un moyen de sortir. Le soulagement les envahit alors qu'ils sortent dans l'air frais de la nuit.

Le soleil avait commencé à se coucher, et ils **regrettaient de ne pas avoir** apporté de lampe de poche. Ils ont décidé de retourner à l'entrée, mais ils se sont vite perdus. Ils ont erré pendant ce qui leur a semblé être des heures, jusqu'à ce qu'ils trouvent enfin une porte qui menait à **l'extérieur**. Le soulagement les a envahis alors qu'ils sortaient dans l'air frais de la nuit. Le lendemain soir, ils ont pris soin d'emporter une lampe de poche pour explorer le reste du château. Ils ont traversé la **cour** et sont descendus jusqu'à la rivière qui coulait derrière les murs du **château**. Alors qu'ils se promenaient, ils ont commencé à entendre des bruits étranges. On aurait dit que quelqu'un les suivait. Ils accélèrent le pas, mais les bruits deviennent plus forts et plus proches. Les membres de la famille courent vers le château aussi vite qu'ils le peuvent, et ils sont soulagés de voir que la silhouette au manteau **sombre** ne les a pas suivis.

Otázky na porozumenie

1. Čo urobila rodina, keď sa stratila na hrade?

2. Ako sa cítila rodina, keď zistila, že to bol len miestny muž?

3. Čo urobil muž, kvôli ktorému ho zatkli?

4. Aký bol rozsudok pre tohto muža?

5. Aký hluk počula rodina počas prechádzky?

6. Kde bola postava v tmavom plášti, keď ju rodina uvidela?

7. Čo robila rodina, keď sa vrátila do svojej izby?

8. Kedy sa rodina opäť vybrala na prehliadku hradu?

9. Čo bola tá vec, na ktorú rodina nevedela prísť?

10. Čo robila rodina predtým, ako sa opäť vydala na prieskum hradu?

Questions de compréhension

1. Qu'a fait la famille lorsqu'elle s'est perdue dans le château ?

2. Comment la famille s'est-elle sentie quand elle a découvert que c'était juste un homme du coin ?

3. Qu'a fait l'homme qui a été arrêté ?

4. Quelle a été la sentence pour cet homme ?

5. Quel bruit la famille a-t-elle entendu pendant qu'elle marchait ?

6. Où était le personnage au manteau sombre quand la famille l'a vu ?

7. Qu'a fait la famille en rentrant dans sa chambre ?

8. Quand la famille est-elle repartie explorer le château ?

9. Quelle était la chose sur laquelle la famille n'arrivait pas à mettre le doigt ?

10. Qu'a fait la famille avant de retourner explorer le château ?

Moja záhrada

Moja záhrada je moje šťastné miesto. Chodím do nej každý deň, či prší alebo svieti slnko, a trávim čas starostlivosťou o svoje rastliny. Mám tam od **všetkého trochu - zeleninu,** ovocie, kvety, bylinky. Dokonca mám aj niekoľko sliepok, ktoré mi pomáhajú držať škodcov na uzde. Dni v záhrade začínam zbieraním vajec od sliepok. Potom skontrolujem zeleninu, či má dostatok vody a slnka. Vyplejem záhony a pozbieram všetky chrobáky, ktoré by mohli rastliny **napadnúť.** Keď je o **všetko postarané,** sadnem si a užívam si pokoj a ticho prírody.

Vždy som rád trávil čas v záhrade. Je to niečo, čo ma obklopuje, keď som obklopená prírodou a všetkou tou **krásou, ktorú** ponúka. Je to pre mňa veľmi pokojné a upokojujúce miesto. Často trávim čas v záhrade, len tak relaxujem a vychutnávam si scenériu. Tiež ma baví pracovať v záhrade a pestovať veci. Mám celkom veľkú záhradu a rád v nej pestujem **rôzne** veci. Pestujem kvety, **zeleninu** a bylinky. Mám aj niekoľko ovocných stromov, ktoré rodia vynikajúce jablká, hrušky a slivky. Okrem pestovania rád trávim čas aj prechádzkami po záhrade a **obdivujem** rôzne rastliny a živočíchy, ktoré sú v nej doma. V priebehu rokov som strávil mnoho hodín prácou na tom, aby sa moja **záhrada**

Mon jardin

Mon jardin est mon coin de paradis. J'y vais tous les jours, qu'il pleuve ou qu'il vente, et je passe du temps à m'occuper de mes plantes. J'ai un peu de **tout** : **légumes**, fruits, fleurs, herbes. J'ai même quelques poules qui m'aident à tenir les parasites à distance. Je commence mes journées dans le jardin en ramassant les œufs des poules. Puis je vérifie que mes légumes reçoivent suffisamment d'eau et de soleil. Je désherbe les plates-bandes et j'élimine les insectes qui pourraient **attaquer** les plantes. Une fois que **tout est** fait, je m'assois et je profite de la paix et du calme de la nature.

J'ai toujours aimé passer du temps dans mon jardin. Il y a quelque chose dans le fait d'être entouré par la nature et toute la **beauté qu'**elle a à offrir. Je trouve que c'est un endroit très paisible et apaisant. Je passe souvent du temps dans mon jardin à me détendre et à profiter du paysage. J'aime aussi travailler dans mon jardin et faire pousser des choses. J'ai un jardin d'assez bonne taille et j'aime y faire pousser toutes **sortes** de choses. Je fais pousser des fleurs, des **légumes** et des herbes aromatiques. J'ai aussi quelques arbres fruitiers qui produisent de délicieuses pommes, poires et prunes. En plus de faire pousser des choses, j'aime aussi passer du temps à me promener dans mon jardin,

stala nielen krásnym, ale aj funkčným miestom. Rád pozorujem vtáky, ktoré poletujú okolo, a počúvam ich spev. Niekedy si dokonca vytiahnem knihu a čítam si v záhrade obklopený všetkou tou krásou, ktorú som vytvoril. **Záhradkárčenie** je mojou vášňou a prináša mi veľa radosti. Každý deň v mojej záhrade je dobrý deň.

Jednou z vecí, ktoré rada robím, je varenie, preto je pre mňa veľmi **dôležité** mať dobre zásobenú bylinkovú záhradu. Tymián, bazalka, oregano, rozmarín, šalvia a levanduľa sú len niektoré z byliniek, ktoré rada pestujem vo svojej záhrade, aby som ich mohla používať pri príprave jedál pre seba alebo pre **hostí**. Ďalšou vecou, ktorá je pre mňa dôležitá, keď ide o moju záhradu, je zabezpečiť, aby v nej bolo veľa farieb. Na dosiahnutie tohto cieľa pestujem širokú škálu kvetov vrátane **ruží,** ľalií, sedmokrások, tulipánov, impatiens, nechtíkov atď. Okrem pridávania farieb pomocou kvetov rada pridávam aj zaujímavosť používaním rôznych **textúr** v celej záhrade. Môžem napríklad vysadiť paprade pod vysoké slnečnice alebo hostie **vedľa** ostatných okrasných tráv. Bez ohľadu na to, čo sa v živote deje, práca v záhrade mi vždy pomôže cítiť sa viac spätý s prírodou a v pokoji so sebou samým.

à **admirer** toutes les plantes et tous les animaux qui y vivent. J'ai passé de nombreuses heures au fil des ans à faire de mon **jardin** un endroit non seulement beau mais aussi fonctionnel. J'aime regarder les oiseaux voltiger et les écouter chanter. Parfois, je sors même un livre et je lis dans le jardin, entourée de toute la beauté que j'ai créée. Le **jardinage** est ma passion et il m'apporte tant de joie. Chaque jour dans mon jardin est un bon jour.

L'une des choses que j'aime faire, c'est cuisiner. Il est donc très **important pour moi d'**avoir un jardin d'herbes aromatiques bien garni. Le thym, le basilic, l'origan, le romarin, la sauge et la lavande sont quelques-unes des herbes que j'aime faire pousser dans mon jardin pour pouvoir les utiliser lorsque je prépare des repas pour moi ou pour mes **invités**. Une autre chose qui est importante pour moi quand il s'agit de mon jardin, c'est de m'assurer qu'il y a beaucoup de couleurs dans tout le jardin. Pour atteindre cet objectif, je cultive une grande variété de fleurs, notamment des **roses**, des lys, des marguerites, des tulipes, des impatiens, des soucis, etc. En plus d'ajouter de la couleur avec les fleurs, j'aime aussi ajouter de l'intérêt en utilisant différentes **textures** dans le jardin. Par exemple, je peux planter des fougères sous des tournesols imposants ou des hostas à **côté de** graminées ornementales hérissées.

Otázky na porozumenie

1. Kde sa nachádza autorova záhrada?

2. Koľko sliepok má autor?

3. Čo robí autor v záhrade každý deň?

4. Prečo sa autorovi páči záhrada?

5. Aké bylinky vysadil autor v záhrade?

6. Prečo je pre autora dôležité, že v jeho záhrade je veľa farieb?

7. Ako autor spestruje svoju záhradu?

8. Ako sa cíti autor, keď pracuje vo svojej záhrade?

9. Čo dáva autorovi pocit spojenia, keď je vo svojej záhrade?

10. Prečo je každý deň v autorovej záhrade dobrým dňom?

Questions de compréhension

1. Où se trouve le jardin de l'auteur ?

2. Combien de poulets l'auteur possède-t-il ?

3. Que fait l'auteur dans le jardin tous les jours ?

4. Pourquoi l'auteur aime-t-il le jardin ?

5. Quelles herbes l'auteur plante-t-il dans le jardin ?

6. Pourquoi est-il important pour l'auteur qu'il y ait beaucoup de couleurs dans son jardin ?

7. Comment l'auteur apporte-t-il de la variété à son jardin?

8. Que ressent l'auteur lorsqu'il travaille dans son jardin?

9. Qu'est-ce qui fait que l'auteur se sent connecté quand il est dans son jardin ?

10. Pourquoi chaque jour dans le jardin de l'auteur est-il un bon jour ?

Nakupovanie

Rád chodím **nakupovať do** obchodného centra. Je to vždy taká zábava prechádzať sa a pozerať sa na rôzne obchody. V nákupnom centre si každý nájde niečo pre seba a vždy je to skvelé miesto, kde sa dajú nájsť výhodné ponuky oblečenia, topánok a doplnkov. Svoju nákupnú cestu **zvyčajne** začínam prechádzkou cez hlavný **vchod** nákupného centra. Odtiaľ najprv zamierim do svojich obľúbených obchodov. Po prezretí týchto obchodov sa prejdem po okolí a zistím, či na iných miestach neprebiehajú nejaké výpredaje. V nákupnom centre zvyčajne strávim niekoľko hodín, kým konečne nakúpim. Pri nakupovaní si vždy rád dávam načas, **pretože** sa chcem uistiť, že si kúpim **presne** to, čo chcem. Navyše je to tak zábavnejšie!

Pozorovanie ľudí v nákupnom centre ma vždy **fascinuje.** Podľa toho, ako človek nakupuje, sa dá o ňom veľa zistiť. Niektorí ľudia sú veľmi metodickí a nikam sa neponáhľajú, zatiaľ čo iní sa zdajú, že len berú, **čo sa** dá, a čo najrýchlejšie smerujú k pokladni. Sú aj takí nakupujúci, ktorí sa viac zaujímajú o rozprávanie cez mobil alebo písanie SMS správ, ako o to, aby si skutočne pozreli nejaký tovar! Bez ohľadu na to, aký typ nakupujúceho ste, sa zdá, že každý si užíva nakupovanie vo výkladoch - aj keď si v skutočnosti

Faire du shopping

J'adore aller **faire du shopping** au centre commercial.
C'est toujours très amusant de se promener et de
regarder tous les différents magasins. Il y en a pour
tous les goûts au centre commercial et c'est toujours
l'endroit idéal pour faire des affaires sur les vêtements,
les chaussures et les accessoires. Je commence
généralement mon shopping en passant par l'**entrée**
principale du centre commercial. De là, je me dirige
d'abord vers mes magasins préférés. Après avoir
fait le tour de ces magasins, je me promène pour
voir s'il y a des soldes dans d'autres endroits. Je
finis généralement par passer quelques heures dans
le centre commercial avant de faire mes achats.
J'aime toujours prendre mon temps lorsque je fais du
shopping, **car** je veux être sûre d'obtenir **exactement**
ce que je veux. En plus, c'est plus amusant comme ça !

Je trouve toujours **fascinant** d'observer les gens
quand je suis au centre commercial. On peut vraiment
en apprendre beaucoup sur une personne par sa
façon de faire ses courses. Certaines personnes sont
très méthodiques et prennent leur temps, tandis que
d'autres semblent prendre **tout ce qu'**elles peuvent
et se diriger vers la caisse aussi vite que possible. Il
y a aussi les acheteurs qui semblent plus intéressés

nič nekúpite. Pohľad na všetky tie pekné veci vo **výkladoch** obchodov ma jednoducho baví. Niekedy si predstavujem, aké by to bolo, keby som si mohla dovoliť **všetko, čo** vidím! Celkovo je deň strávený nakupovaním v obchodnom centre jednou z mojich najobľúbenejších zábav. Je to skvelý spôsob, ako si oddýchnuť a zrelaxovať a zároveň si trochu zacvičiť (ak sa dostatočne prejdete). Navyše je **vždy** príjemné dopriať si z času na čas nové tričko alebo pár topánok!

Mala som **dlhý** deň v práci a konečne som mala čas pre seba, tak som sa rozhodla ísť nakupovať do obchodného centra. Potrebovala som nejaké nové oblečenie na **nadchádzajúcu** sezónu. Hneď ako som vošla, uvidela som všetky tie jasné svetlá a lesklé výklady. Najskôr som zamierila do svojho obľúbeného obchodu a začala som si prezerať regály. Našla som niekoľko pekných topov a vyskúšala som si ich v šatni. Keď som sa na seba pozerala do zrkadla, počula som, ako niekto vchádza do vedľajšej šatne. V hlase som spoznala jedného zo svojich kolegov.

à parler au téléphone portable ou à envoyer des SMS qu'à regarder la marchandise ! Quel que soit le type d'acheteur, tout le monde semble apprécier le lèche-vitrine, même si vous n'achetez rien. Il y a quelque chose qui me rend heureuse dans le fait de regarder toutes ces jolies choses dans les **vitrines des magasins**. Parfois, je m'imagine comment ce serait si je pouvais m'offrir **tout ce que** je vois ! En fin de compte, passer une journée à faire du shopping au centre commercial est l'un de mes passe-temps favoris. C'est un excellent moyen de se détendre et de se relaxer tout en faisant un peu d'exercice (si vous marchez suffisamment). Et puis, c'est **toujours** agréable de s'offrir une nouvelle chemise ou une nouvelle paire de chaussures de temps en temps !

J'ai eu une **longue** journée de travail et j'ai enfin eu du temps pour moi, alors j'ai décidé d'aller faire du shopping au centre commercial. J'avais besoin de nouveaux vêtements pour la saison **à venir**. Dès que je suis entrée, j'ai vu toutes les lumières vives et les façades brillantes des magasins. Je me suis dirigée vers mon magasin préféré en premier et j'ai commencé à parcourir les rayons. J'ai trouvé quelques jolis hauts et les ai essayés dans la cabine d'essayage. Alors que je me regardais dans le miroir, j'ai entendu quelqu'un entrer dans la cabine d'**essayage** à côté de la mienne. J'ai reconnu sa voix comme étant celle d'un de mes collègues de travail.

Otázky na porozumenie

1. Kde najradšej skladujete?

2. Aký je váš obľúbený obchod v nákupnom centre?

3. Ako dlho sa zvyčajne zdržiavate v nákupnom centre?

4. Čo si myslíte o ľuďoch, ktorí trávia veľa času v nákupnom centre?

5. Čo najradšej robíte v nákupnom centre?

6. Kúpili ste si niekedy niečo v obchodnom centre, aj keď ste to v skutočnosti nepotrebovali?

7. Ako reagujete, keď v nákupnom centre vidíte niečo, čo by sa vám veľmi páčilo, ale je to príliš drahé?

8. Videli ste niekedy niečo v obchodnom centre a premýšľali ste, kto by si to kúpil?

9. Aký je váš názor na ľudí, ktorí sa v nákupnom centre namiesto toho, aby si prezreli obchody, venujú mobilným telefónom?

Questions de compréhension

1. Où aimez-vous le plus stocker ?

2. Quel est votre magasin préféré dans le centre commercial ?

3. Combien de temps restez-vous habituellement au centre commercial ?

4. Que pensez-vous des personnes qui passent beaucoup de temps au centre commercial ?

5. Quelle est votre activité préférée au centre commercial ?

6. Avez-vous déjà acheté quelque chose au centre commercial alors que vous n'en aviez pas vraiment besoin ?

7. Comment réagissez-vous lorsque vous voyez au centre commercial un article que vous aimeriez vraiment, mais qui est trop cher ?

8. Avez-vous déjà vu quelque chose au centre commercial en vous demandant qui l'achèterait ?

9. Que pensez-vous des personnes qui sont occupées avec leur téléphone portable dans les centres commerciaux au lieu de regarder les magasins ?

Na trhu

V sobotu ráno vstávam skoro a túžim sa dostať na **trh** skôr, ako bude príliš veľa ľudí. Obliekam sa a vyrážam von, cestou si beriem tašky na opakované použitie. Počas chôdze začínam plánovať, čo chcem pripraviť na celý týždeň. Viem, že chcem aspoň raz **opiecť** zeleninu, takže budem musieť kúpiť nejakú kvalitnú zeleninu. Chcem tiež pripraviť polievku alebo guláš, takže budem musieť kúpiť aj nejaké mäso. Musím sa pozrieť, čo vyzerá dobre, keď tam prídem. Trh je len pár blokov odtiaľto a už vidím rozostavané stánky a mávajúcich **ľudí.**

Prídem na trh a zamierim rovno k stánku so zeleninou. Výber je nádherný a ja si plním tašky rôznymi **čerstvými** produktmi. Chvíľu sa rozprávam s farmárom a on mi odporučí niekoľko receptov. Teším sa, že ich vyskúšam. Počas nakupovania sa rozprávam s **farmármi, spoznávam** ich a ich produkty. Keď mám všetku zeleninu, ktorú potrebujem, prejdem do oddelenia mäsa. Tu trochu váham, pretože si nie som istý, čo chcem kúpiť. Nakoniec sa rozhodnem pre kuracie mäso, pretože je univerzálne a dá sa použiť do rôznych jedál. Kúpim tiež niekoľko rôznych kusov mäsa, pričom dbám na to, aby som si kúpil hovädzie mäso kŕmené trávou a **kurča z** voľného chovu. Mäsiar bol

Au marché

Je me réveille tôt le samedi matin, impatiente de me rendre au **marché** avant qu'il ne soit trop fréquenté. Je m'habille et je sors, en prenant mes sacs réutilisables en chemin. En marchant, je commence à planifier ce que je veux faire pour la semaine à venir. Je sais que je veux faire **rôtir des** légumes au moins une fois, donc je vais devoir acheter des légumes de bonne qualité. Je veux aussi faire une soupe ou un ragoût, et je vais donc devoir acheter de la viande. Je verrai bien ce qui me semble bon quand je serai sur place. Le marché n'est qu'à quelques rues d'ici, et je vois déjà les étals installés et les **gens qui** s'agitent.

J'arrive au marché et me dirige directement vers le stand des légumes. La sélection est magnifique, et je remplis mes sacs d'une variété de produits **frais**. Je discute un peu avec le fermier et il me recommande quelques recettes. J'ai hâte de les essayer. Je discute avec les **agriculteurs** pendant que je fais mes courses, pour apprendre à les connaître et à connaître leurs produits. Après avoir acheté tous les légumes dont j'ai besoin, je passe à la section des viandes. Je suis un peu plus hésitante, car je ne suis pas sûre de ce que je veux acheter. J'opte finalement pour du poulet, car il est polyvalent et peut être utilisé dans de nombreux plats. J'achète également quelques morceaux de

priateľský muž, vždy veselý napriek dlhým pracovným hodinám. Zabalil mi kuracie prsia a steak a potom sa so mnou rozprával o svojich víkendových plánoch. Rozlúčil som sa s ním a pokračoval v ceste. Z mliečneho oddelenia som si vzal aj vajíčka a syr.

Na trhu sa to hemžilo ľuďmi, ktorí túžili dostať sa **k** čerstvým produktom a mäsu, ktoré sa tu ponúkali. Vzduch bol zahustený vôňou cesnaku a cibule, ozýval sa smiech a rozhovory. Predierala som sa davom a vyberala som si ďalšie veci, ktoré som potrebovala na svoj týždenný nákup. Naplnila som **košík** ovocím a zeleninou, cestovinami a chlebom a potom som zamierila k pokladni. Rad bol dlhý, ale rýchlo sa posúval. Nakoniec som nakúpila posledné **potraviny** a bol čas ísť domov. Auto bolo naložené a cesta domov bola dlhá a únavná. Doprava bola hustá a horúčava ťaživá. Konečne auto vrazilo na príjazdovú cestu a úľava bola citeľná. V dome bol chládok a ticho a po ruchu trhu to bolo útočisko. Všetko bolo odložené a v dome sa čoskoro opäť rozhostil obvyklý pokoj a ticho. Mala som všetko, čo som potrebovala na prípravu **chutných** jedál pre seba a pre svoju rodinu. Bolo dobré byť doma.

viande différents, en veillant à prendre du bœuf nourri à l'herbe et du **poulet** élevé en plein air. Le boucher est un homme sympathique, toujours de bonne humeur malgré ses longues heures de travail. Il a emballé mes blancs de poulet et mon steak avant de me parler de ses projets pour le week-end. Je lui ai dit au revoir et j'ai continué mon chemin. J'ai également acheté des œufs et du fromage au rayon produits laitiers.

Le marché grouille de gens, tous impatients de mettre la **main sur les** produits frais et la viande proposés. L'odeur de l'ail et des oignons flottait dans l'air, et le son des rires et des conversations était omniprésent. Je me suis frayé un chemin dans la foule, en choisissant les autres articles dont j'avais besoin pour mes courses de la semaine. J'ai rempli mon **panier** de fruits et légumes, de pâtes et de pain, avant de me diriger vers la caisse. La file d'attente est longue, mais elle avance rapidement. Enfin, j'ai acheté les dernières **provisions et il est** temps de rentrer à la maison. La voiture est chargée, et le chemin du retour est long et fastidieux. La circulation est dense et la chaleur est accablante. Enfin, la voiture se gare dans l'allée et le soulagement est palpable. La maison était fraîche et calme, et c'était un havre de paix après l'**agitation** du marché. Tout a été rangé, et la maison a rapidement retrouvé sa tranquillité habituelle. J'avais tout ce dont j'avais besoin pour préparer de **délicieux** repas pour moi et pour ma famille. C'était bon d'être chez soi.

Otázky na porozumenie

1. Kam ide osoba?

2. Čo chce osoba kúpiť?

3. Koľko tašiek má daná osoba?

4. Ako ďaleko je trh?

5. Čo práve robí táto osoba?

6. Čo všetko je na trhu?

7. Koľko ľudí je na trhu?

8. Ako dlho trvalo, kým si človek všetko kúpil?

9. Ako sa osoba vrátila domov?

10. Čo urobil, keď prišiel domov?

Questions de compréhension

1. Où va la personne ?

2. Que veut acheter la personne ?

3. Combien de sacs la personne possède-t-elle ?

4. A quelle distance se trouve le marché ?

5. Que fait la personne en ce moment ?

6. Que se passe-t-il sur le marché ?

7. Combien y a-t-il de personnes sur le marché ?

8. Combien de temps a-t-il fallu à la personne pour tout acheter ?

9. Comment la personne est-elle rentrée chez elle ?

10. Qu'a fait la personne en rentrant chez elle ?

V kaviarni

Bolo chladné **jesenné** ráno a ja som si dohodla stretnutie s kamarátkou Lily v našej obľúbenej kaviarni na kávu. Zabalila som sa do teplého kabáta a šálu a vyrazila som. Zo stromov opadávalo lístie a vzduch bol sychravý, ale svietilo slnko a sľubovalo krásny deň. Počas chôdze som **premýšľala** o tom, aké je dobré mať takú kamarátku, ako je Lily. Priatelili sme sa už roky, odkedy sme sa stretli na **univerzite**. Spájala nás láska ku káve a trávenie času rozprávaním sa v kaviarňach. Aj keď sme teraz bývali v rôznych častiach mesta, stále sme sa raz do týždňa stretávali na káve. Prišla som do kaviarne a Lily tam už na mňa čakala. Objali sme sa na pozdrav a potom sme si objednali kávu. Našli sme si stôl pri okne a usadili sa, aby sme sa porozprávali. **Káva** bola ako vždy výborná a bolo príjemné stretnúť sa s Lily. Rozprávali sme sa o našom týždni, práci a plánoch do budúcnosti. S Lily sa mi vždy hovorilo tak ľahko a mala som pocit, že jej môžem povedať čokoľvek. Po chvíli sme začali byť hladné a **rozhodli sme sa** objednať si nejaké jedlo.

Objednali sme si jedlo a našli si miesto pri okne. Cez okno svietilo slnko a všetko bolo teplé a veselé. Rozprávali sme sa pri jedle a užívali si jednoduchú radosť zo vzájomnej **spoločnosti**. V kaviarni bolo

Dans un café

C'était un matin d'**automne** frisquet, et j'avais donné rendez-vous à mon amie Lily dans notre café préféré pour prendre un café. Je me suis enveloppée chaudement dans mon manteau et mon écharpe et je suis partie. Les feuilles tombaient des arbres et l'air était glacial, mais le soleil brillait et la journée promettait d'être magnifique. Tout en marchant, j'ai **pensé** à quel point c'était bien d'avoir une amie comme Lily. Nous étions amies depuis des années, depuis notre rencontre à l'**université**. Nous nous sommes liées par notre amour du café et du temps passé à discuter dans les cafés. Même si nous vivions dans des quartiers différents de la ville, nous nous retrouvions pour prendre un café une fois par semaine. Je suis arrivé au café, et Lily était déjà là, à m'attendre. Nous nous sommes embrassées et avons commandé nos cafés. Nous avons trouvé une table près de la fenêtre et nous nous sommes installées pour discuter. Le **café** était délicieux, comme toujours, et c'était si agréable de rattraper le temps perdu avec Lily. Nous avons parlé de notre semaine, de nos emplois et de nos projets pour l'avenir. C'était toujours si facile de parler à Lily, et j'avais l'impression que je pouvais tout lui dire. Après un moment, nous avons commencé à avoir faim et **avons décidé** de commander de la nourriture.

rušno, ale necítili sme sa preplnení. Vo vzduchu bol cítiť pokoj a spokojnosť. Keď sme dojedli, ešte chvíľu sme sedeli a vychutnávali si pokojnú **atmosféru**. Chvíľu sme sa rozprávali o rôznych veciach, ktoré sa diali v našich životoch. Bolo veľmi príjemné dohovoriť sa s priateľom a len tak **si oddýchnuť**. Cez okno svietilo slnko a zdalo sa, že **nič nemôže** pokaziť náš dokonalý deň.

Zrazu som počul hlasnú ranu. Otočil som sa a uvidel som, že nejaký muž prepadol cez strop a leží na podlahe pred nami. Bol **pokrytý** prachom a troskami a vyzeral byť v bezvedomí. Obaja s priateľom sme boli v šoku, keď sme sa pozerali na muža ležiaceho na podlahe. Nevedeli sme, čo máme robiť alebo koho zavolať na pomoc. Len sme tam sedeli a pozerali na neho, nevediac, čo robiť. Po niekoľkých minútach som sa spamätala a zavolala som záchranku. Operátor mi povedal, že čoskoro tam niekto bude. Položila som telefón a povedala som priateľovi, čo mi povedal **operátor.**

Nous avons **commandé notre** nourriture et trouvé un siège près de la fenêtre. Le soleil brillait à travers la fenêtre, rendant le tout chaleureux et joyeux. Nous avons bavardé en mangeant, appréciant le simple plaisir d'être en **compagnie de l'autre**. Le café était occupé, mais il n'y avait pas de foule. Il y avait un sentiment de paix et de satisfaction dans l'air. Après avoir terminé notre repas, nous sommes restés assis un moment de plus, profitant de l'**atmosphère** paisible. Nous avons parlé pendant un moment de différentes choses qui avaient eu lieu dans nos vies. C'était si agréable de rattraper le temps perdu avec mon ami et de **se détendre**. Le soleil brillait à travers la fenêtre, et c'était comme si **rien ne** pouvait gâcher notre journée parfaite.

Soudain, j'ai entendu un grand fracas. Je me suis retourné pour voir qu'un homme avait traversé le plafond et gisait sur le sol devant nous. Il était **couvert** de poussière et de débris et semblait être inconscient. Mon ami et moi étions tous deux sous le choc en regardant l'homme allongé sur le sol. Nous ne savions pas quoi faire ni qui appeler à l'aide. Nous sommes restés assis là, à le regarder, sans savoir quoi faire. Après quelques minutes, je me suis ressaisie et j'ai appelé le 911. L'opérateur m'a dit que quelqu'un arriverait bientôt. J'ai raccroché le téléphone et j'ai raconté à mon ami ce que l'**opérateur avait** dit.

Otázky na porozumenie

1. Odkiaľ pochádza muž, ktorý padá cez strechu?

2. Prečo je žena so svojím priateľom v kaviarni?

3. Aká je obľúbená kaviareň týchto dvoch priateľov?

4. Ako dlho sa títo dvaja priatelia poznajú?

5. Aký je obľúbený nápoj týchto dvoch priateľov?

6. V ktorom meste žijú títo dvaja priatelia?

7. Ako často sa títo dvaja priatelia stretávajú?

8. O čom sa títo dvaja priatelia rozprávajú, keď sa prvýkrát stretnú vo svojej obľúbenej kaviarni?

9. Aké je obľúbené jedlo týchto dvoch priateľov?

10. Prečo je také ľahké hovoriť s Lily?

Questions de compréhension

1. D'où vient l'homme qui tombe à travers le toit ?

2. Pourquoi la femme est-elle avec son ami dans le café ?

3. Quel est le café préféré des deux amis ?

4. Depuis combien de temps les deux amis se connaissent-ils ?

5. Quelle est la boisson préférée des deux amis ?

6. Dans quelle ville vivent les deux amis ?

7. Combien de fois les deux amis se rencontrent-ils ?

8. De quoi parlent les deux amis lorsqu'ils se rencontrent pour la première fois dans leur café préféré ?

9. Quel est le plat préféré des deux amis ?

10. Pourquoi c'est si facile de parler à Lily ?

Plavanie

Bazén bol vždy **osviežujúcim** miestom a dnes to nebolo inak. Slnko svietilo a voda vyzerala lákavo. Zhlboka som sa nadýchla a ponorila sa do vody, aby som pocítila jej chladivú náruč. Chvíľu som plávala kolá, tešila som sa z pohybu a možnosti vyčistiť si hlavu. Po chvíli som vyšla von, osušila sa a sadla si na uterák, aby som si oddýchla na slnku. Zavrela som oči a nechala sa oblievať **teplom,** cítila som, ako sa mi uvoľňujú svaly. Zrazu som počula špliechanie a otvorila som oči, aby som videla svoju malú sestru, ako **pádluje na** plytčine. Usmiala som sa a chvíľu som ju pozorovala, potom som vstala a išla k nej. Chvíľu sme sa rozprávali, pádlovali sme spolu a užívali si spoločnosť toho druhého. Čoskoro sa k nám pridali rodičia a zvyšok popoludnia sme strávili spoločným plávaním a hraním hier. Bolo vždy veľmi príjemné tráviť čas s rodinou v bazéne. Zdá sa, že pobyt vo vode ľudí spája. Možno je to preto, že keď sme vo vode, sme si všetci rovní - nemôžeme skrývať svoje nedostatky ani predstierať, že sme niekým iným. Alebo je to možno len preto, že je to zábava! **Nech už je** dôvod **akýkoľvek, bol som** jednoducho rád, že sme sa mohli všetci stretnúť a užiť si vzájomnú spoločnosť na takomto výnimočnom mieste.

Slnko ma pálilo do kože a vo vzduchu bol cítiť zápach

Aller nager

La piscine était toujours un endroit **rafraîchissant**, et aujourd'hui n'était pas différent. Le soleil brillait et l'eau semblait invitante. J'ai pris une profonde inspiration et j'ai plongé, sentant l'étreinte fraîche de l'eau. J'ai fait des longueurs pendant un moment, appréciant l'exercice et la possibilité de me vider la tête. Au bout d'un moment, je suis sorti et me suis séché, puis je me suis assis sur une serviette pour me détendre au soleil. J'ai fermé les yeux et laissé la **chaleur** m'envahir, sentant mes muscles se détendre. Soudain, j'ai entendu une éclaboussure et j'ai ouvert les yeux pour voir ma petite sœur **pagayer dans la** partie peu profonde. J'ai souri et je l'ai regardée pendant un moment, puis je me suis levée et je suis allée vers elle. Nous avons bavardé un peu et pataugé ensemble, appréciant la compagnie de l'autre. Nos parents nous ont bientôt rejoints et nous avons passé le reste de l'après-midi à nager et à jouer ensemble. C'était toujours très agréable de passer du temps avec la famille à la piscine. Il y a **quelque chose** dans le fait d'être dans l'eau qui semble rassembler les gens. Peut-être est-ce parce que nous sommes tous égaux lorsque nous sommes dans l'eau - nous ne pouvons pas cacher nos défauts ou prétendre être ce que nous ne sommes pas. Ou peut-être est-ce simplement parce que c'est amusant ! **Quelle que soit la** raison, j'étais simplement heureuse que nous

chlóru. Počula som zvuky smiechu detí, ktoré sa špliechali v bazéne. Ležala som na lehátku vedľa bazéna, opaľovala sa a **užívala si** deň. Mala som zavreté oči a práve som sa chystala zaspať, keď som počula, ako ku mne niekto kráča. Otvorila som oči a uvidela som, že vedľa mňa stojí žena. Mala na sebe bikiny a okolo pása mala omotaný uterák. Mala dlhé blond vlasy a modré oči. V ruke držala fľaštičku s **opaľovacím krémom.** "Nebude ti vadiť, keď ti natriem chrbát opaľovacím krémom?" spýtala sa ma. "Nie, to je v poriadku," povedala som a posadila som sa, aby mi dosiahla na chrbát. Cítila som jej ruky na svojej pokožke, keď mi naniesla opaľovací krém.

Jej dotyk bol jemný a vôňa opaľovacieho krému upokojujúca. Znova som zavrel oči a nechal sa uvoľniť. Počula som, **ako** sa pohybuje, ale oči som neotvorila. Spokojne som len ležal na slnku a počúval zvuk vĺn **narážajúcich na** breh. Po niekoľkých minútach odišla a ja som otvoril oči. Sledoval som ju, ako sa vrátila k lehátku a vzala si knihu.

puissions tous nous réunir et profiter de la compagnie des autres dans un endroit aussi spécial.

Le soleil tapait sur ma peau et l'odeur du chlore flottait dans l'air. J'entendais le bruit des enfants qui riaient et barbotaient dans la piscine. J'étais allongée sur une chaise **longue près de la** piscine, profitant du soleil et **de la** journée. J'avais les yeux fermés et j'étais sur le point de m'endormir lorsque j'ai entendu quelqu'un s'approcher de moi. J'ai ouvert les yeux et j'ai vu une femme debout à côté de moi. Elle portait un bikini et avait une serviette enroulée autour de sa taille. Elle avait de longs cheveux blonds et des yeux bleus. Elle tenait une bouteille de **crème solaire** dans sa main. "Ça te dérange si je mets de la crème solaire sur ton dos ?" a-t-elle demandé. "Non, ça va", ai-je répondu, en me redressant pour qu'elle puisse atteindre mon dos. J'ai senti ses mains sur ma peau alors qu'elle appliquait la crème solaire.

Son toucher était doux et l'odeur de la crème solaire était apaisante. J'ai fermé les yeux à nouveau et me suis laissé aller à la détente. Je pouvais entendre le **bruit** de ses mouvements, mais je n'ai pas ouvert les yeux. Je me contentais de rester allongé au soleil, en écoutant le bruit des vagues qui **s'écrasaient** sur le rivage. Après quelques minutes, elle s'est éloignée, et j'ai ouvert les yeux. Je l'ai regardée retourner vers sa chaise longue et prendre son livre.

Otázky na porozumenie

1. Kde sa rozprávač nachádzal na začiatku príbehu?

2. Čo cíti rozprávač, keď otvorí oči?

3. Čo počuje rozprávač, keď otvorí oči?

4. Čí opaľovací krém dá žena rozprávačovi?

5. O čom rozprávač sníva?

6. Prečo je kúpanie v mori pre rozprávača také zvláštne?

7.Aký je pocit z vody, v ktorej rozprávač pláva?

8. Čo vidí rozprávač, keď vyjde z vody?

9. Čo urobí žena po tom, ako namaže rozprávača opaľovacím krémom?

10. O čom sa rozpráva rozprávač a žena na konci príbehu?

Questions de compréhension

1. Où se trouvait le narrateur lorsqu'il a commencé l'histoire ?

2. Que sent le narrateur lorsqu'il ouvre les yeux ?

3. Qu'entend le narrateur lorsqu'il ouvre les yeux ?

4. A qui la femme donne-t-elle de la crème solaire au narrateur ?

5. De quoi le narrateur rêve-t-il ?

6. Pourquoi la baignade dans la mer est-elle si spéciale pour le narrateur ?

7. quelle est la sensation de l'eau dans laquelle nage le narrateur ?

8. Que voit le narrateur quand il sort de l'eau ?

9. Que fait la femme après avoir mis la crème solaire sur le narrateur ?

10. De quoi le narrateur et la femme parlent-ils à la fin de l'histoire ?

Kosenie trávnika

Je 10 hodín ráno v letnú **sobotu** a slnko už nemilosrdne páli. Vydáte sa do garáže pre kosačku a máte pocit, že ste **odsúdení na** ťažkú prácu. Začnete kosiť trávnik a dávate pozor, aby ste išli pekne pomaly, aby ste nevynechali žiadne miesto. Počas kosenia premýšľate o tom, aký je to dobrý pocit byť vonku na čerstvom vzduchu. Keď začnete tlačiť kosačku sem a tam po trávniku, kútikom **oka zbadáte** suseda. Zamávate mu a pozdravíte a on vám zamáva späť.

Po niekoľkých minútach ste hotoví a idete k susedovi na pivo do záhrady. Je **perfektný** deň - nie je príliš horúco, fúka jemný vánok. Sedíte v tieni stromu, popíjate pivo a rozprávate sa so susedom. Práve vďaka takýmto dňom si vážite leto. Potom **sa vyberiete** dovnútra na zaslúžené pivo. Rozvalíte sa na stoličke na verande, otvoríte plechovku a spokojne si povzdychnete. Zvuk kosačky ustupuje do pozadia, zatiaľ čo vy relaxujete v tieni a užívate si **pokoj** tejto chvíle. Pivo chutí mimoriadne dobre po všetkej tej ťažkej práci v horúčave. Chystal som sa ísť dovnútra, keď som počul hluk vedľa.

Znelo to, akoby niekto plakal. Prestal som kosiť a prešiel som k plotu, ktorý oddeľoval naše dvory.

Tonte de la pelouse

Il est 10 heures du matin, un **samedi d'**été, et le soleil tape déjà sans pitié. Vous vous frayez un chemin jusqu'au garage pour aller chercher la tondeuse à gazon, avec l'impression d'être **condamné** aux travaux forcés. Vous commencez à tondre la pelouse, en veillant à aller doucement pour ne pas manquer d'endroits. Pendant que vous tondez, vous pensez à tout le bien que cela fait d'être dehors à l'air frais. Alors que vous commencez à pousser la tondeuse d'avant en arrière sur la pelouse, vous apercevez votre voisin du coin de l'**œil**. Vous lui faites signe et lui dites bonjour, et il vous répond.

Après quelques minutes, vous avez terminé, et vous vous rendez chez votre voisin pour prendre une bière avec lui dans le jardin de devant. C'est une journée **parfaite**, il ne fait pas trop chaud et une légère brise souffle. Vous êtes assis à l'ombre de l'arbre, sirotant votre bière et discutant avec votre voisin. Ce sont des jours comme celui-ci qui vous font apprécier l'été. Puis vous rentrez à l'intérieur pour prendre une bière bien méritée. Vous vous installez sur une chaise sous le porche et ouvrez la canette, en poussant un soupir de satisfaction. Le bruit de la tondeuse s'estompe et vous vous détendez à l'ombre, profitant de la **tranquillité**

Nakukol som tam a uvidel som susedu, pani Johnsonovú, ako plače na hojdačke na verande. Zavolal som na ňu, ale nepočula ma. Preliezol som cez plot a prešiel som k nej. "Pani Johnsonová, ste v poriadku?" Spýtala som sa jej. Pozrela na mňa so slzami v očiach a pokrútila hlavou. "Nie, nie som v poriadku," povedala. "Včera mi zomrela mačka." Bola som šokovaná. Nevedel som, čo mám povedať. Len som tam rozpačito stála a nevedela, čo mám robiť. Nakoniec som jej položil ruku na **plece** a povedal som: "Je mi to veľmi ľúto, pani Johnsonová. Ak vám môžem nejako pomôcť, dajte mi prosím vedieť. " Pokrútila hlavou a povedala: "Nie, nikto **nemôže nič** urobiť." Potom vstala a vošla do svojho domu. Chvíľu som tam stála a nevedela, čo mám robiť. Potom som sa vrátil ku koseniu trávnika. Keď som skončil, nemohol som si pomôcť, ale myslel som na pani Johnsonovú a jej mačku.

du moment. La bière a un goût extra bon après tout ce dur travail dans la chaleur. J'étais sur le point de rentrer quand j'ai entendu un bruit à côté.

On aurait dit que quelqu'un pleurait. J'ai arrêté de tondre et j'ai marché jusqu'à la clôture qui séparait nos jardins. J'ai jeté un coup d'œil par-dessus et j'ai vu ma voisine, Mme Johnson, pleurer sur sa balançoire sous le porche. Je l'ai appelée, mais elle ne m'a pas entendue. J'ai escaladé la clôture et j'ai marché jusqu'à elle. "Mme Johnson, vous allez bien ?" J'ai demandé. Elle a levé les yeux vers moi, les larmes aux yeux, et a secoué la tête. "Non, je ne vais pas bien", a-t-elle dit. "Mon chat est mort hier." J'étais choquée. Je n'ai pas su quoi dire. Je suis restée là, maladroitement, sans savoir quoi faire. Finalement, j'ai posé ma main sur son **épaule** et j'ai dit : "Je suis vraiment désolée, Mme Johnson. Si je peux faire quelque chose pour vous aider, faites-le moi savoir". "Elle a secoué la tête et a dit : "Non, il **n'y a rien que** personne ne puisse faire". Puis elle s'est levée et est entrée dans sa maison. Je suis resté là un moment, ne sachant pas quoi faire. Puis je suis retourné tondre ma pelouse. En terminant, je n'ai pu m'empêcher de penser à Mme Johnson et à son chat.

Otázky na porozumenie

1. Koľko je hodín?

2. Kde kosí osoba?

3. Ako sa osoba cíti?

4. Prečo musí človek kosiť pomaly?

5. Aké je počasie?

6. Čo robí osoba po kosení?

7. Čo počuje človek pred odchodom domov?

8. Kto je s pani Johnsonovou?

9. Prečo pani Johnsonová plače?

10. Čo hovorí táto osoba pani Johnsonovej?

Questions de compréhension

1. Quelle heure est-il ?

2. Où se trouve la personne qui tond ?

3. Comment la personne se sent-elle ?

4. Pourquoi la personne doit-elle tondre lentement ?

5. Quel est le temps qu'il fait ?

6. Que fait la personne après avoir fauché ?

7. Qu'entend la personne avant de rentrer chez elle ?

8. Qui est avec Mme Johnson ?

9. Pourquoi Mme Johnson pleure-t-elle ?

10. Que dit la personne à Mme Johnson ?

Strihanie vlasov

Už niekoľko týždňov som sa chcela dať ostrihať, ale vždy sa mi to podarilo odložiť. Ale keďže **Vianoce boli** za rohom, vedela som, že to už nemôžem ďalej odkladať. Nechcela som prísť na vianočnú večeru k rodine a vyzerať ako zanedbaná. Preto som sa skoro ráno na Vianoce vybrala do salónu. Hoci bolo skoro, v salóne už bolo veľa ľudí, ktorí **si nechávali** robiť vlasy na sviatky. Postavila som sa do radu a čakala, kým na mňa príde rad. Nakoniec som sa dostala na rad ja. Kaderníčka, priateľská žena menom Jill, sa ma spýtala, čo chcem. "Len zastrihnúť, nič drastické," odpovedala som. Jill sa pustila do práce a strihala mi vlasy. Ako pracovala, začala som sa uvoľňovať. Bol to dobrý pocit, že sa o seba konečne starám. V poslednom čase som bola taká zaneprázdnená starostlivosťou o všetkých ostatných, že som svoje vlastné potreby nechala bokom. Ale **teraz už** nie. Odteraz si budem na seba robiť čas.

Keď Jill skončila, pozrela som sa do zrkadla a bola som spokojná s tým, čo som videla. Moje vlasy vyzerali upravené a vyleštené - ideálne na sviatočné stretnutia. **Poďakovala** som Jill a v **duchu som si zapísala**, že sa sem budem vracať častejšie. Odteraz sa budem starať predovšetkým o seba. Pustila sa do strihania mojich

Se faire couper les cheveux

Cela faisait des semaines que je voulais me faire couper les cheveux, mais j'arrivais toujours à remettre ça à plus tard. Mais à l'approche de **Noël, je** savais que je ne pouvais plus attendre. Je ne voulais pas me présenter au dîner de Noël de ma famille avec une coiffure débraillée. Alors, tôt le matin de Noël, je me suis rendue au salon. Même s'il était tôt, le salon était déjà occupé par d'autres personnes qui **se faisaient** coiffer pour les fêtes. J'ai pris ma place dans la file d'attente et j'ai attendu mon tour. Enfin, c'était mon tour sur la chaise. La styliste, une femme sympathique nommée Jill, m'a demandé ce que je voulais. "Juste une coupe, rien de trop radical", ai-je répondu. Jill s'est mise au travail, coupant mes cheveux. Pendant qu'elle travaillait, j'ai commencé à me détendre. C'était bon de prendre enfin soin de moi. J'avais été tellement occupé ces derniers temps, à courir partout pour m'occuper de tout le monde, que j'avais laissé mes propres besoins de côté. Mais plus **maintenant**. A partir de maintenant, j'allais prendre du temps pour moi.

Lorsque Jill a terminé, je me suis regardée dans le miroir et j'étais ravie de ce que je voyais. Mes cheveux étaient soignés et polis, parfaits pour les fêtes de fin d'année. J'ai **remercié** Jill et j'ai noté **mentalement** de

vlasov. Myslela som na to, aká som vďačná, že som sa konečne dala ostrihať. Bol to dobrý pocit vedieť, že na vianočnú **večeru** budem vyzerať reprezentatívne. Už som sa nemusela obávať, že si ma rodina bude doberať kvôli môjmu "zanedbanému" vzhľadu. Po niekoľkých minútach mi kaderník dokončil úpravu vlasov a rýchlo mi ich vyfúkal. Pozrela som sa do zrkadla a bola som spokojná s tým, čo som videla - čisto ostrihaný vzhľad, ktorý bude perfektný na vianočnú večeru. Teraz, keď som mala strihanie za sebou, som sa mohla sústrediť na to, aby som si užila sviatky s rodinou. A za to som bola ešte vďačnejšia.

Bol to taký **oslobodzujúci** pocit a veľmi sa mi páčilo, ako môj nový účes vyzeral. Keď som zaplatila za strih, išla som domov a začala som sa baliť na cestu. **Nemohla som** sa dočkať, až svoj nový vzhľad ukážem rodine a priateľom. Vedela som, že budú prekvapení, keď ma uvidia. V deň môjho odletu som prišla na letisko s dostatočnou časovou rezervou. Bez problémov som prešla bezpečnostnou kontrolou a čoskoro som bola na ceste. Hneď ako som dorazil na miesto určenia, cítil som vo vzduchu vzrušenie. Vianoce boli určite vo vzduchu! Na letisku ma privítala moja rodina a všetci boli ohromení mojím novým účesom.

revenir plus souvent. À partir de maintenant, je prendrai soin de moi d'abord et avant tout. Elle s'est mise au travail en coupant mes cheveux. J'ai pensé à combien j'étais reconnaissante d'avoir enfin pris le temps de me faire couper les cheveux. Je me sentais bien de savoir que j'allais être présentable pour le **repas de** Noël. Je n'aurais plus à m'inquiéter des taquineries de ma famille sur mon apparence "débraillée". Après quelques minutes, le coiffeur a fini de me couper les cheveux et m'a fait un rapide brushing. Je me suis regardé dans le miroir et j'étais heureux de ce que je voyais - un look propre qui serait parfait pour le dîner de Noël. Maintenant que ma coupe de cheveux était terminée, je pouvais me concentrer sur les vacances avec ma famille. Et j'en étais encore plus reconnaissante.

Je me suis sentie tellement **libérée** et j'ai adoré le look de ma nouvelle coupe de cheveux. Après avoir payé ma coupe, je suis rentrée chez moi et j'ai commencé à faire mes bagages pour mon voyage. J'**avais hâte** de montrer mon nouveau look à ma famille et à mes amis. Je savais qu'ils seraient surpris en me voyant. Le jour de mon vol, je suis arrivée à l'aéroport avec beaucoup de temps devant moi. J'ai passé le contrôle de sécurité sans problème et j'ai rapidement pris la route. Dès que je suis arrivé à destination, j'ai senti l'excitation dans l'air. Il y avait vraiment de l'air pour Noël ! Ma famille était là pour m'accueillir à l'aéroport, et ils étaient tous étonnés de ma nouvelle coupe de cheveux.

Otázky na porozumenie

1. Čo musel hlavný hrdina urobiť pred Vianocami?

2. Ako sa hlavná hrdinka cítila, keď sa o seba starala?

3. Kto ostrihal hlavnému hrdinovi vlasy?

4. Prečo sa rodina hlavnej hrdinky chystala podpichovať ju?

5. Ako sa cítila hlavná hrdinka po ostrihaní?

6. Čo urobila hlavná hrdinka po ostrihaní vlasov?

7. Aká bola reakcia rodiny hlavnej hrdinky na jej účes?

8. Čo robil hlavný hrdina na Štedrý večer?

9. Čím bol zážitok hlavného hrdinu výnimočnejší?

10. Čo by sa stalo, keby sa hlavný hrdina nedal ostrihať?

Questions de compréhension

1. Que devait faire le protagoniste avant Noël ?

2. Que pense la protagoniste du fait de prendre soin d'elle ?

3. Qui a taillé les cheveux du protagoniste ?

4. Pourquoi la famille de la protagoniste allait-elle se moquer d'elle ?

5. Qu'a ressenti la protagoniste après s'être fait couper les cheveux ?

6. Qu'a fait la protagoniste après s'être fait couper les cheveux ?

7. Quelle a été la réaction de la famille de la protagoniste à sa coupe de cheveux ?

8. Qu'a fait le protagoniste la veille de Noël ?

9. Qu'est-ce qui a rendu l'expérience du protagoniste plus spéciale ?

10. Que se passerait-il si le protagoniste ne se faisait pas couper les cheveux ?

Park

Slnko zapadalo a park bol prázdny. Sedela som na lavičke a čakala na svojho **priateľa**. Plánovali sme sa tu stretnúť už pred hodinou, ale ona vždy meškala. Práve keď som to chcela vzdať a ísť domov, uvidela som ju, ako ku mne beží.

"Je mi to tak ľúto," vydýchla, keď došla k lavičke. "Môj vlak mal **meškanie.**"

"To je v poriadku," povedala som **zhovievavo**. "Práve som sem prišiel."

Chvíľu sme sedeli a rozprávali sa, pričom sme si navzájom rozprávali o našich životoch od nášho posledného stretnutia. Rozhovor plynul **ľahko a** mali sme pocit, že od nášho posledného stretnutia neuplynul vôbec žiadny čas. Keď zapadlo slnko, rozlúčili sme sa a išli sme každý svojou cestou. Nabudúce sme sa stretli v inom parku. Opäť meškala, ale mne to nevadilo. Bolo príjemné mať niekoho, s kým sa môžem porozprávať a kto mi **rozumie.** Rozprávali sme sa o svojich snoch a **túžbach, o** veciach, ktoré by sme chceli v živote urobiť. Ona mi povedala o svojich plánoch cestovať po svete a ja som sa podelil o svoj sen stať sa spisovateľom. Keď slnko zapadlo do ďalšieho dňa, opäť sme sa rozlúčili a sľúbili si, že tentoraz zostaneme v kontakte.

Prešli roky a naše **priateľstvo** zostalo silné, aj keď

Le parc

Le soleil se couchait, et le parc était vide. Je me suis assise sur un banc, attendant mon **amie**. Nous avions prévu de nous retrouver ici il y a une heure, mais elle était toujours en retard. Au moment où j'allais abandonner et rentrer chez moi, je l'ai vue courir vers moi. "Je suis vraiment désolée", a-t-elle haleté en atteignant le banc. "Mon train a été **retardé**." "C'est bon", ai-je dit **avec indulgence**. "Je viens juste d'arriver." Nous nous sommes assis et avons bavardé pendant un certain temps, prenant des nouvelles de la vie de chacun depuis notre dernière rencontre. La conversation était fluide **et nous avions** l'impression que le temps n'avait pas passé depuis notre dernière rencontre. Au coucher du soleil, nous nous sommes dit au revoir et avons pris des chemins différents. La fois suivante, c'était dans un autre parc. Encore une fois, elle était en retard, mais ça ne m'a pas dérangé. C'était agréable d'avoir quelqu'un à qui parler et qui me **comprenait**. Nous avons parlé de nos rêves et de nos **aspirations**, des choses que nous voulions faire de nos vies. Elle m'a parlé de son projet de voyager dans le monde entier, et j'ai partagé mon rêve de devenir écrivain. Alors que le soleil se couchait sur un autre jour, nous nous sommes dit au revoir une fois de plus, en promettant de rester en contact cette fois-ci.

sme teraz žili v rôznych častiach krajiny. Udržiavali sme kontakt prostredníctvom listov a príležitostných telefonátov a navzájom sme sa delili o novinky z nášho života. Keď mi oznámila, že sa bude vydávať, **neprekvapilo** ma to - vždy bola **dobrodružný** typ. Ale keď ma požiadala, či by som jej nešla za družičku na svadobnom obrade, ktorý sa konal na druhom konci sveta od miesta, kde som žila... to ma muselo presvedčiť! Nakoniec som však nemohla dovoliť, aby sa moja najlepšia priateľka vydávala bez toho, aby som bola po jej boku, a tak som napriek svojim obavám (a po jej veľkom prosení!) **súhlasila, že** pôjdem s ňou, čo sa ukázalo byť **dobrodružstvom jej** života.

Konečne prišiel deň **svadby.** Bola som nervózna, ale zároveň som sa tešila, že budem súčasťou takého dôležitého okamihu v živote môjho priateľa. Obrad bol krásny a ona vyzerala šťastná, keď si povedala svoj sľub. **Potom** sme to oslávili veľkou párty - vyzeralo to, akoby s ňou prišli oslavovať všetci jej známi! Bol to **čarovný** deň, na ktorý nikdy nezabudnem, a naše priateľstvo sa po tomto dobrodružstve len posilnilo. Teraz, po rokoch, sme stále v kontakte. Od nášho prvého stretnutia sme **sa** obe veľmi **zmenili,** ale naše priateľstvo je silné ako vždy.

Les années ont passé, et notre **amitié** est restée forte, même si nous vivions désormais dans des régions différentes du pays. Nous sommes restés en contact par des lettres et des appels téléphoniques occasionnels, partageant les nouvelles de nos vies respectives. Lorsqu'elle a annoncé qu'elle allait se marier, je n'ai pas été **surpris** - elle avait toujours été du genre **aventureux**. Mais lorsqu'elle m'a demandé si j'accepterais d'être sa demoiselle d'honneur à la cérémonie de son mariage qui se déroulait à l'autre bout du monde, loin de chez moi... il a fallu la convaincre ! En fin de compte, je ne pouvais pas laisser ma meilleure amie se marier sans moi à ses côtés, alors malgré mes craintes (et après qu'elle m'ait beaucoup suppliée !), j'ai **accepté de participer à** ce qui s'est avéré être l'**aventure** de ma vie.

Le jour du **mariage** est enfin arrivé. J'étais nerveux, mais excité de faire partie d'un moment si important dans la vie de mon amie. La cérémonie était magnifique, et elle avait l'air heureuse en prononçant ses vœux. **Ensuite,** nous avons fait une grande fête - on aurait dit que tous ses proches étaient venus célébrer avec elle ! C'était un jour **magique** que je n'oublierai jamais, et notre amitié n'a fait que se renforcer après cette aventure. Aujourd'hui, des années plus tard, nous restons toujours en contact. Nous avons toutes deux beaucoup **changé** depuis notre première rencontre, mais notre amitié est plus forte que jamais.

Otázky na porozumenie

1. Kde sa autorka a jej priateľ prvýkrát stretli?

2. Prečo autorov priateľ prišiel na stretnutie neskoro?

3. O čom sa priatelia rozprávali, keď sa po rokoch opäť stretli?

4. Ako sa autorka cítila, keď sa zúčastnila na svadobnom obrade svojej priateľky?

5. Opíšte prostredie svadobného obradu.

6. Ako sa časom zmenilo priateľstvo medzi týmito dvoma ženami?

7. Čo je autorovým snom?

8. Kam plánuje autorov priateľ cestovať?

9. Prečo sa autorka zdráhala zúčastniť na svadobnom obrade svojej priateľky?

Questions de compréhension

1. Où l'auteur et son ami se sont-ils rencontrés pour la première fois ?

2. Pourquoi l'ami de l'auteur était-il en retard à leur réunion ?

3. De quoi les amis ont-ils parlé lorsqu'ils se sont retrouvés des années plus tard ?

4. Qu'a ressenti l'auteur en assistant à la cérémonie de mariage de son amie ?

5. Décrivez le cadre de la cérémonie de mariage.

6. Comment l'amitié entre les deux femmes a-t-elle évolué au fil du temps ?

7. Quel est le rêve de l'auteur ?

8. Où l'ami de l'auteur prévoit-il de voyager ?

9. Pourquoi l'auteur a-t-elle hésité à assister à la cérémonie de mariage de son amie ?